U0086294

世界哲學家叢書

史　陶　生

謝　仲　明　著

1999

東大圖書公司印行

國家圖書館出版品預行編目資料

史陶生／謝仲明著.--初版.--臺北市
：東大，民88
面；　公分.--（世界哲學家叢書）
參考書目：面
含索引
ISBN 957-19-2220-X（精裝）
ISBN 957-19-2221-8（平裝）

1.史陶生（Strawson, P. F., 1919-
　　）-學術思想-哲學

144.79　　　　　　　　　　87005911

網際網路位址　http://www.sanmin.com.tw

© 史 陶 生

著　作　人　謝仲明
發　行　人　劉仲文
產權作財
權　作　人財　東大圖書股份有限公司
發　行　所　東大圖書股份有限公司
　　　　　　地址／臺北市復興北路三八六號
　　　　　　電話／二五○○六六○○
　　　　　　郵撥／○一○七一七五——○號
印　刷　所　東大圖書股份有限公司
總　經　銷　三民書局股份有限公司
門　市　部　復北店／臺北市復興北路三八六號
　　　　　　重南店／臺北市重慶南路一段六十一號
初　版　中華民國八十八年二月
編　號　E 14086①
基本定價　肆元貳角
行政院新聞局登記證局版臺業字第○一九七號

ISBN 957-19-2220-X（精裝）

「世界哲學家叢書」總序

　　本叢書的出版計畫原先出於三民書局董事長劉振強先生多年來的構想，曾先向政通提出，並希望我們兩人共同負責主編工作。一九八四年二月底，偉勳應邀訪問香港中文大學哲學系，三月中旬順道來臺，即與政通拜訪劉先生，在三民書局二樓辦公室商談有關叢書出版的初步計畫。我們十分贊同劉先生的構想，認為此套叢書（預計百冊以上）如能順利完成，當是學術文化出版事業的一大創舉與突破，也就當場答應劉先生的誠懇邀請，共同擔任叢書主編。兩人私下也為叢書的計畫討論多次，擬定了「撰稿細則」，以求各書可循的統一規格，尤其在內容上特別要求各書必須包括（1）原哲學思想家的生平；（2）時代背景與社會環境；（3）思想傳承與改造；（4）思想特徵及其獨創性；（5）歷史地位；（6）對後世的影響（包括歷代對他的評價），以及（7）思想的現代意義。

　　作為叢書主編，我們都了解到，以目前極有限的財源、人力與時間，要去完成多達三、四百冊的大規模而齊全的叢書，根本是不可能的事。光就人力一點來說，少數教授學者由於個人的某些困難（如筆債太多之類），不克參加；因此我們曾對較有餘力

的簽約作者，暗示過繼續邀請他們多撰一兩本書的可能性。遺憾的是，此刻在政治上整個中國仍然處於「一分為二」的艱苦狀態，加上馬列教條的種種限制，我們不可能邀請大陸學者參與撰寫工作。不過到目前為止，我們已經獲得八十位以上海內外的學者精英全力支持，包括臺灣、香港、新加坡、澳洲、美國、西德與加拿大七個地區；難得的是，更包括了日本與大韓民國好多位名流學者加入叢書作者的陣容，增加不少叢書的國際光彩。韓國的國際退溪學會也在定期月刊《退溪學界消息》鄭重推薦叢書兩次，我們藉此機會表示謝意。

　　原則上，本叢書應該包括古今中外所有著名的哲學思想家，但是除了財源問題之外也有人才不足的實際困難。就西方哲學來說，一大半作者的專長與興趣都集中在現代哲學部門，反映著我們在近代哲學的專門人才不太充足。再就東方哲學而言，印度哲學部門很難找到適當的專家與作者；至於貫穿整個亞洲思想文化的佛教部門，在中、韓兩國的佛教思想家方面雖有十位左右的作者參加，日本佛教與印度佛教方面卻仍近乎空白。人才與作者最多的是在儒家思想家這個部門，包括中、韓、日三國的儒學發展在內，最能令人滿意。總之，我們尋找叢書作者所遭遇到的這些困難，對於我們有一學術研究的重要啟示（或不如說是警號）：我們在印度思想、日本佛教以及西方哲學方面至今仍無高度的研究成果，我們必須早日設法彌補這些方面的人才缺失，以便提高我們的學術水平。相比之下，鄰邦日本一百多年來已造就了東西方哲學幾乎每一部門的專家學者，足資借鏡，有待我們迎頭趕上。

　　以儒、道、佛三家為主的中國哲學，可以說是傳統中國思想

與文化的本有根基,有待我們經過一番批判的繼承與創造的發展,重新提高它在世界哲學應有的地位。為了解決此一時代課題,我們實有必要重新比較中國哲學與(包括西方與日、韓、印等東方國家在內的)外國哲學的優劣長短,從中設法開闢一條合乎未來中國所需求的哲學理路。我們衷心盼望,本叢書將有助於讀者對此時代課題的深切關注與反思,且有助於中外哲學之間更進一步的交流與會通。

最後,我們應該強調,中國目前雖仍處於「一分為二」的政治局面,但是海峽兩岸的每一知識分子都應具有「文化中國」的共識共認,為了祖國傳統思想與文化的繼往開來承擔一分責任,這也是我們主編「世界哲學家叢書」的一大旨趣。

傅偉勳　韋政通

一九八六年五月四日

自　序

　　彼得・弗特烈・史陶生 (Peter Frederick Strawson) 是現存僅
有的分析哲學家之一。他對分析哲學（以及英美哲學）， 有不可
忽視的貢獻，因為，他先知先覺地把語言分析的技巧，應用於一
個正面、積極的目標上。早在五十年代末期，當分析哲學正是蓬
勃開展的時候，史陶生就像一夫當關地宣稱，語言分析不能只停
留在語言分析的層面，也不能只為清除形上學而存在，而應該有
更大的格局、更積極的目的。事實證明，在六十年代中期，以萊
爾、奧斯丁、和卡納普為典範人物的分析哲學流派，紛紛見到了
盡頭，縱使仍有斯爾 (John Searle) 及達衛臣 (David Davidson) 等
人，仍不能挽狂瀾於既倒。史陶生使用語言分析方法去作形上的
探求，對其他分析哲學家（包括維根斯坦）而言，是十分諷刺的，
但這也正是史陶生之所以先知先覺之處。

　　從更大的觀點看，史陶生對「哲學」也有值得重視的貢獻。
在史陶生看來，哲學的部門——形上學、知識論、邏輯、和語言，
並非是互不往來，而是貫通為一體的；它們只是從不同的進路、
用不同的字彙以開示同一的人類思維的基本結構。史陶生的哲學，
不是單純的分析哲學，而是形上學、知識論、邏輯、和語言哲學

的統一體 (unity)。從這「統一體」的觀念出發，史陶生乃致力於解答一個邏輯哲學的具體問題，此即主謂式命題之成立之根據問題，他證立此種命題有其知識論和形上學方面的基礎。在康德哲學言，史陶生也可以被視為是二十世紀新康德主義的一員——也許是「反叛性」強的一員：他批評康德很多，但他繼承和推展康德哲學的地方也一樣多，僅就康德哲學與分析哲學之結合而言，史陶生是首創者。

本書的目的，是要對史陶生哲學作全面而系統的表述。史陶生有很多著作，但都是專題性的 (topical)，其間的體系性並不明顯（這並不表示他的哲學思想沒有系統性），因此，把史陶生哲學思想作全面而整合的表述，是有其需要，也將有助於對史陶生哲學之研究。事實上，至目前為止，就本人所知，不管是在華語或英語哲學界，仍未有一本專書全面而整合地介紹史陶生哲學，有的仍只是以論文集的方式來探討和介紹史陶生，本人是以慶幸能有此機會填補此項空白。

但創造此機會者，卻是三民書局暨東大圖書公司董事長劉振強先生、故傅偉勳教授、和韋政通教授。在三位先生的構思、策劃、和推動之下，在哲學界和文化界便出現了「世界哲學家叢書」。我個人極其認同此「叢書」的理念，即「我們實有必要重新比較中國哲學與……外國哲學的優劣長短，從中設法開闢一條合乎未來中國所需求的哲學理路」（「叢書」總序），要實現這個理念，首先便要對中國哲學和外國哲學作深入和同情的了解，這項工作，不是單一個人可以做到，而需要群策群力的團隊努力，「叢書」便是這團隊努力的成果，本書《史陶生》很光榮地是這成果的一

部份。

　　在本書出版的事務上，特別要感謝東大圖書公司的編輯先生；他們在工作上的耐心和細心，實是令人激賞。

謝仲明

一九九八年十月三十一日

史陶生

目　次

第一章　史陶生哲學的特色

第一節　生平和著作

　　史陶生 (Peter F. Strawson)，生於 1919 年，曾就讀於芬治厘 (Finchley)的基督學院(Christ's College)及牛津的聖約翰學院，獲文學碩士學位。

　　史陶生大部份時間是在牛津大學任教，是該大學的「韋弗烈形上哲學講座教授」(Wayneflete Professor of Metaphysical Philosophy)，亦是牛津的麥特蘭學院 (Magdalen Colleges, Oxford) 院士。獲授勳，被封爵士，1987年退休，被聘為牛津大學榮譽教授 (Emeritus Professor)和聖約翰大學榮譽院士。

　　史陶生退休前和退休後，都經常往世界各地講學，對美國哲學界、法國哲學界、德國哲學界，以至中國大陸哲學界（1988年夏季他在北京講學），都有程度不一的影響。目前，有一本專為他寫的論文集，名稱就是《史陶生》，最遲將在1999年內出版，是《當今哲學家叢書》之一❶。

❶　此即P. A. Schilpp所創，目前由Lewis E. Hahn作主編的 *The Library*

史陶生的哲學思想和著作，大體而言，是關乎於語言和邏輯的，故史陶生哲學，可以定位為分析哲學。但他的興趣，不限於此，他對康德的《純粹理性批判》有深入的研究和獨具特色的解釋，此外，他並涉足於倫理學、美學、和社會哲學的一些課題。

有些研究史陶生的學者，把史陶生的著作及思想，分成前後兩個階段，前一階段以語言及邏輯問題的討論為主，後一階段則以形上學的探研為主❷。

這個劃分並無錯誤，但也可以另從他思想發展的角度來劃分。史陶生的著作和思想發展，可分出四個階段，我們將方便地稱之為開創期（第一階段）、建構期（第二階段）、成熟期（第三階段）、和再生期（第四階段）。

第一階段約在五十年代間。這時期史陶生的興趣和精力，主要集中於語言哲學和哲學邏輯 (Philosophical Logic) 專門問題的研究和反省上。此時期最重要的著作，就是〈論指涉〉(1950)、〈真理〉(1950) 等。但這些作品的重要性，乃是相對於當時分析哲學的熱門論題而言，若就史陶生本身哲學思想的發展而言，則其《邏輯理論導論》(1952)、〈殊相與共相〉(1953)、〈邏輯主辭與物理對象〉(1956)、〈單稱項，存有論和同一性〉(1956)、〈專有

---

of Living Philosophers.最早的一本書是John Dewey (1939)，至今已有25本，其中包括Bertrand Russell (1944)，Karl Jaspers (1957)，Rudolf Carnap (1963)，Karl Popper (1974)，W. V. O. Quine (1986)，Paul Ricour (1995)等。預定在1999年出版的P. F. Strawson，本書作者亦有一篇文在其中。

❷ 參考《哲學百科全書》，"Strawson, Peter Frederick"一項。亦參考《當代西方哲學家，英美篇》，臺北，弘文館出版社，1986年。

名詞〉(1957)、和〈命題，概念和邏輯真理〉(1957) 等篇論文，更具前瞻性的意義。此外，史陶生對維根斯坦的《哲學研究》、羅素的《邏輯與知識》、和艾爾(A. J. Ayer)的《知識問題》，亦有所評論。

　　第二階段約在五十年代末期至六十年代末期之間。此時史陶生的哲學思想已成型，發展出他獨特的思路而可冠之以「史陶生哲學」之名。如果牛津的分析哲學有一個典型——不作任何積極的哲學預設，但依直覺、邏輯和常識，對日常語言的意義和用法，作零細點滴的分析，以「治療」哲學問題和用語，此如奧斯丁(J. L. Austin) 所為，則史陶生已超越牛津哲學的典型，亦可說是超越其局限性。史陶生沒有放棄分析哲學的方法，而是使用此方法去達成其形上學的目的，在這點上，史陶生提出他的成果，就是《個體》(1959) 一書。此書無論對一貫反形上學的分析哲學家或對維護傳統的形上學家，都引起了極大的震動和興趣。

　　史陶生同樣著力於研究一些語言和邏輯哲學的專門問題。在這方面，他先後發表了〈單稱辭與加謂式〉(1961)、〈辨識指謂與真值〉(1964)、〈真理：對奧斯丁觀點的再思〉(1965)、〈語言行為裏的意圖與約定〉(1964)、〈「存在」永不是一謂辭項嗎?〉(1967) 等論文。但史陶生的哲學思考和關懷，亦不局限於超脫的、專技的語言和邏輯分析，他對一些較涉實際、較傳統的哲學問題，亦有所討論，例如〈社會道德與個人理想〉(1961)、〈自由與排拒〉(1962)、〈決定論〉(1963)、〈美感品鑒與藝術作品〉(1966)、〈自我，心與身〉(1966) 等論文。當邏輯實證論者、分析哲學家及一些數理邏輯家竭力地要排除或推倒康德的權威時，史陶生卻以分析哲學

內行人的身份，批判地、重點地認同於康德，他一篇成書的論文
《意義的範圍》(1966)，展示出他對康德的承傳和推展。

自七十年代開始，史陶生的哲學思考似乎已達完成階段。在
此時期，史陶生致力於整理、補充、修正或歸結他過去二十多年
來的哲學思維。一本成書的著作，就是《在邏輯與文法的主辭和
謂辭》(1974)，是他對主謂式命題的研究結晶，也可說是他對一
個哲學問題，投下二十多年心血而獲致的結論。此外，他亦有多
篇論文，例如〈想像力與知覺〉(1970)、〈範疇〉(1970)、〈主辭
與謂辭的不對稱性〉(1970)、〈語意學、邏輯與存有論〉(1975)、
〈共相〉(1979)、〈知覺及其對象〉(1979)、〈信仰、指涉與量化〉
(1979)等。這些論文都是對其已有的哲學觀點，再加申述和發揮。
此外亦有一些一般性的通論，例如〈文法與哲學〉(1970) 和〈論
了解我們自己語言的結構〉(1974) 等。史陶生又把過去一些重要
的論文，匯集起來而成《邏輯—語言論文集》(1971)一書。

八十年代以來，史陶生所關心的哲學問題和努力方向，漸漸
有所改變，此之所以我們稱為「再生期」。此改變，也可以說是回
歸——回歸於傳統的哲學問題，而特別是康德哲學的問題。這種
改變，九十年代迄今，已確定成型。在這差不多二十年間，史陶
生的著作，關於邏輯和語言的專門問題者，已較為少見，而關於
傳統哲學和康德哲學的，卻愈來愈多。此中主要的有〈自由與必
然〉(1983)、〈因果與說明〉(1985)、《懷疑論與自然主義》(1985)、
《分析與形上學》(1985)等；而直接跟康德哲學有關的，則有〈康
德之論述：自覺與「旁觀者」〉(1987)、〈康德之形上學新基礎〉
(1988)、〈感性、知性與綜合學說〉(1989)、〈康德的回響〉(1992)、

〈實在論的問題及先驗性〉(1994)、及《元目與同一性》(1997)
等。史陶生在晚年時期致力於康德研究，並非是突如其來的，他
在六十年代始，便已在牛津講授康德的《純粹理性批判》，自始至
終，明裏暗裏，他都受康德的影響。

第二節　哲學問題及其背景

　　史陶生的哲學工作，以一個主題為核心，此即有關主謂式命
題(subject-predicate proposition)的哲學探究。他的目標，是要證
立主謂式命題的基本性、必然性和普遍性。這項工作和目標，當
然牽涉甚多複雜的問題和背景。

　　依亞里士多德邏輯，定言命題 (categorical proposition) 依質
（肯定及否定）、量（全稱及偏稱）的互相組合，可有四種形式：
即全稱肯定(A)、全稱否定(E)、偏稱肯定(I)、及偏稱否定(O)。此外
亦有單稱命題(singular proposition)，在技術上，單稱命題常被劃
入全稱肯定而運作。但無論何種形式，定言命題都是由兩個實質
部份構成，其一稱為邏輯主辭 (logical subject)，另一稱為邏輯謂
（賓）辭 (logical predicate)，例如在命題「凡人是會死的」中，
「人」便是主辭，而「死」是謂辭。由主辭和謂辭結合而成一命
題，便稱為主謂式命題，有時亦稱加謂式(predication)，即以某一
辭項加謂於另一辭項（主辭）而構成。傳統邏輯把定言命題作主
謂的分析，其中仍有甚多專門的細節及由此而來的專門問題，這
些細節部份我們在第五章會有交代。

　　史陶生所要探討和解決的問題，用他自己的話說就是：「我

的問題正是，為什麼有這種使用、有這個概念存在？為什麼我們在邏輯辭彙中要注入這種的範疇區分？」❸史陶生所提的問題，已不是邏輯問題，而是關於邏輯的哲學問題：他要為邏輯中有所謂主辭和謂辭的區分與結合，追究理由、尋求根據。

傳統下來，邏輯家視為當然的把定言命題分成主辭和謂辭二部份，為什麼史陶生會提出這樣的問題？為什麼他要做如此的工作？這是有其背景的。

首先就主、謂辭之區分言，實有很多懸而未決的問題或疑問存在，專技性的暫且不提，其犖犖大者就有下列幾個。第一，邏輯家把命題中的一個辭項稱為主辭，另一個稱為謂辭，這又有什麼重要的意義？如果這只是傳統習以為常的做法，而無什麼必要的理由，則此所謂「主辭」和「謂辭」實可拋棄，改用「前部」和「後部」會更清楚簡明。第二，所謂主辭有什麼實質定義？謂辭又有何實質定義？例如在命題「有些人是情感的動物」中，邏輯家把「人」視為主辭，而「情感的動物」則被視為謂辭；但在命題「有些情感的動物是人」中，做主辭的不是「人」，而是「情感的動物」，而「人」又變成是謂辭，因此，所謂主辭和謂辭，究有何實質的判準？第三，傳統邏輯又有規定，謂在單稱命題中，那單稱辭(singular term)只能當主辭，不能當謂辭，例如我們說「蘇格拉底是人」，這命題是合法的，但如果說「人是蘇格拉底」，這卻是不合法的，因為「蘇格拉底」這單稱辭，不能作謂辭使用，但這規定有什麼理由？有何根據？

---

❸　史陶生，〈答覆史拉斯先生〉收於《哲學與現象學研究》第十七期，1957年6月，頁443。

　　針對以上幾個問題，邏輯家包括中古的奧坎(Ockham)和博爾頓 (Buridan) 以至現代的羅素、約翰生 (W. E. Johnson)、威爾遜 (Cook Wilson)、史旦萍(L. S. Stebbing)等，都曾企圖予以解答，但意見不一。僅是這幾個問題，若沒有穩當的解答，則整個主謂辭的邏輯分析及依之而生的理論和運作，都會變成如沙堆上的建築一樣了。

　　更有甚者，事實上就有人建議把主、謂辭的區分從邏輯中除去，此人就是羅安塞 (F. P. Ramsey)，且其論證似乎一針見血，十分有力。羅安塞在一篇名為〈論共相〉的論文中指出，命題的主辭和謂辭，「其間並無實質的區別」❹，這兩個辭項，要稱那一個為主辭，那一個為謂辭，完全在於使用者的需要、目的、甚或文章風格而定，何者為主辭、何者為謂辭，「完全是文法家的事」❺，跟該辭項的邏輯性格或存有論指涉，毫無關係。羅安塞的批評，實無異於把主、謂辭的區分和組合，把主、謂辭的兩個概念，在邏輯中泯除。因為照他的意見，所謂「主辭」或「謂辭」的規定，已變成是無可無不可的事，一點重要意義都沒有。但如果放棄邏輯主辭和謂辭的區分與結合，把它們看成只是文法或文章風格的事，則其影響及牽涉之深遠廣大，實難以估計，因為它不是孤立的。

　　在傳統哲學（特別是亞里士多德哲學）中，主、謂辭不僅是邏輯的區分，且亦有形上學意義，即有存有論的相干性 (onto-

---

❹　羅安塞，〈論共相〉收於羅氏著《數學基礎》一書，紐約，哈葛－巴艾斯公司，1931年版，頁117。

❺　同上。

logical relevancy)，因為它是關聯於殊相與共相、本體與屬性(substance and attributes)等形上概念的。同樣，在知識論中，主、謂的對偶跟實體與性質 (substance and property) 或個體對象與抽象概念(individual object and general concept)等對偶，在某些哲學體系中也有密不可分的內在關係。因此，如果羅安塞的意見成立，則不僅主、謂辭之對偶將失去邏輯意義、知識論意義、及形上學意義，且反過頭來，依賴或預設此對偶而成立的邏輯系統、知識論、及形上學體系，都將瓦解；被牽連到的，不僅是亞里士多德，一直下來還包括湯瑪士、洛克、萊布尼茲、康德、弗烈克(G. Frege)等人的哲學；不用多說，單是康德的範疇底形上推述(metaphysical deduction)，便會因此而出問題。

再者，在現代邏輯與語言哲學中，主、謂辭的區分亦有其「親屬」，不管是近是遠，例如在符號邏輯中有涵值 (functor) 與變值(variable)；在語意學中有單稱辭(singular term)與遍稱辭(general term)、指謂(denotation)與意謂(connotation)；在文法中有專有名詞 (proper noun) 與共有名詞 (common noun)、實質名詞 (substantive) 與動詞（及形容詞）等等的區分和配對。這些對偶（即區分和配對）在各自範圍內固有其專屬的意義和功能，但它們運作起來，不但彼此間非常和合，且整體地與主謂式對偶，也同樣和合。例如就「孔子是有智慧的」這語句來分析，「孔子」是邏輯主辭，且也是定值(value)、是單稱辭、是指謂項、是專有名詞、是實質詞；另一方面，「智慧」（或「有智慧的」）則是邏輯謂辭，但也是涵值、是遍稱辭、是意謂項、是共有名詞、是形容詞。在不同領域裏的對偶，運作起來卻如此和諧配合，任何人都不能隨

便說這是偶然的。總言之，主謂式對偶，在西方哲學及哲學史中，並不是游離孤立的對偶、也不是只封限在亞氏邏輯的一個對偶而已；它的存廢，可謂「茲事體大」。

　　至此已很明白，史陶生所要處理的問題，不是一個無風起浪、無端而發的問題。就一方面說，主、謂辭的區分，本身的確有很多大大小小的理論問題，須要解決；就另一方面言，主、謂辭的區分，不只是邏輯內部的事，其能否確立，關聯到其他哲學部門和不少的哲學系統，影響甚大；再有進者，羅安塞的立論，對史陶生激發甚大，他要有所回應，正如康德之要回應休謨一樣。

第三節　哲學取向(Orientation)

　　史陶生表面上是處理一個邏輯的問題，但邏輯或語言哲學，並不是他所要依止的地方；縱使他企圖證定邏輯主、謂辭之區分，然他所企圖提出的證定，乃是形上學的，不是邏輯的或語言的。質言之，史陶生的哲學之核心、他的哲學思維的指向，就是一套形上學。史陶生在其《邏輯與文法的主辭和謂辭》中這樣說：

　　　　我為首的目的，就是試圖去說明這二元的份位的普遍性，
　　　　此即在基本主謂式結合中的〔二個〕辭項的一般相對性質。
　　　　這似乎是一個有相當重要性的問題。如果目前的邏輯果真
　　　　有我們所要加諸的意義(significance)，而此意義亦特別是
　　　　我們當代哲學化(philosophizing)的方式所認取，則它〔按：
　　　　指主謂對偶〕一定反映我們對世界之思維的一些基本特

徵❻。

邏輯的主謂式結構，並不是我們書寫兩類符號時所「任意選取的」❼，而是與我們的思維方式有所關聯。設使我們的思維方式是有某種固定的模式，又設使我們能說明此種模式是根源於我們的思維結構，則邏輯或語言的主謂式組合，便可被證定為並非只是一種無根的、偶然的符號運作，而是一種基本的、必然的、和普遍的組合，因為它「反映我們對世界之思維的一些基本特徵」。

在此，史陶生作了一個康德式的假定，此即人類思維有一本源的、固定的結構(structure)。他在《個體》一書中這樣說：

> 人類思維中有一龐大的中央核心，它沒有歷史——或者說，它在思想史中完全沒有記錄；〔這亦即是說，人類思維中〕有些範疇和概念，就其最基本的性格言，是定然不變的❽。

這些範疇和概念是先驗的 (a priori)，它們並非導源於經驗，而卻是經驗之所以可能的條件；正因如此，「它沒有歷史」，因為它們不是由經驗逐漸發展出來，故亦不依經驗之變更而變更。史陶生明白表示，這個形上的識取(metaphysical belief)，來自於亞里士多德和康德❾。

---

❻ 史陶生，《邏輯與文法的主辭和謂辭》，倫敦，蜜思安有限公司，1974年初版，頁4。

❼ 同上，頁3。

❽ 見史陶生，《個體》，倫敦，蜜思安有限公司，1959年版，頁10。

這思維的結構體由多少個概念構成？它們之間如何關聯？其中又有什麼概念和範疇？對這些問題，史陶生並不立刻給出答案；因為這就是形上學要做的工作。在史陶生而言，形上學是指「描述的形上學」(descriptive metaphysics)，其目的只在於「描述我們對世界思維的實際結構」❿；亞里士多德、康德、甚或休謨的哲學，是屬這種型態；相對而言，「修正的形上學」(revisionary metaphysics) 則不斷的企圖去「產生一個更好的結構體」⓫，笛卡兒、萊布尼茲、巴克萊等的哲學，則是「修正的」。

史陶生的經典著作《個體》，便是描述的形上學的一個探究，其目的旨在「把我們的概念結構體最普遍的特徵展露出來」⓬，亦即是要把人類思維的基本概念和範疇、它們彼此間的相互關聯、以及它們所形成的結構，揭示出來。

但既然人類思維的基本結構是恆常不變，而亞里士多德和康德對之已有相當的展示和描述，則史陶生在此的工作，仍有什麼意義可言？仍有多少可能有新的發現？史陶生辯護說：「縱使描述形上學的核心內容不變，但哲學所使用的批判和分析用語，卻不斷地改變；恆久的關係是以不恆久之用語所描述的……」⓭。質言之，史陶生是用分析哲學的語言和方法，企圖去描述或再發現一些古老的真理。

---

❾　參考同上，頁9及11。

❿　同上，頁9。

⓫　同上。

⓬　同上。

⓭　同上，頁10-11。

第四節　哲學方法

概括地說，史陶生主要使用兩種方法，其一是哲學分析（邏輯・語言分析），另一是超越論證(transcendental argument)，而以前者更為經常。但哲學家並不為固定的方法模型所圍，因為方法根本上只是一種手段，它依目的而存在，而亦依目的而改變。

史陶生的哲學分析，在某一意義下可歸屬為牛津的日常語言(ordinary language) 分析方法。此方法以自然語言 (natural language)——即日常語言——在生活中使用的意義和用法做為依據，以對哲學問題和概念進行分析。具體的運作，有如下幾個重點：確定「在用語言」(language-in-use)的意指或功能、分辨語言表式(linguistic expressions)所屬的語法或語意範疇、指出語言表式使用時的預設或條件、解剖語言表式使用時的邏輯結構或關係、分析語言表式使用的語言行為情境(speech act situation)等。但並非所有日常語言哲學家都同等地強調上述各點，例如萊爾(Gilbert Ryle) 與奧斯丁 (J. L. Austin) 便有所不同；事實上，每一個分析哲學家所定及所用的分析方法都不一樣；而且，同一個分析哲學家在面對不同的論題時，其分析的重點亦有不同。

史陶生語言分析的其中一個實例，可見於他的一篇論文〈真理〉。根據他的分析，我們有很多不同的方式去斷言「某事物X是Y」，例如「我要告訴你多少次X是Y?」、「今天我知道了X是Y」、「事實就是，X是Y」、「X是Y乃是真的」、「X是Y，無可爭論」、「毫無疑問，X 是 Y」等等❹。史陶生又指出，當我們說「X 是

Y」之類的語句時，我們不一定只是陳述「X是Y」這個事實；在很多情況或語境下，當我們說「X是Y」，可能是「在鼓勵、反證、或警告某人；在提醒某人；在答覆、或回覆某人；在證實、認許、配合、同意、允許某人所說的話」等⑮。史陶生依語言使用之實際境況，來分析該語言表式在不同語境中所可能產生的意義或功能。這便是日常語言分析的一個典型例子。

史陶生分析方法的一個特色，是在於他特別強調語言表式的使用情境；此包括考慮講者是誰、聽者是何人、他們溝通的目的是什麼、談話的主題 (topic) 是什麼、對談時雙方有何預設 (presumption) 等因素。一個語言表式被使用出來，其意義、或意圖 (intention)，以至其是真是假或無所謂真假，都由上述因素所決定或影響。換言之，語言分析並不是翻開或編寫一本文法書、語意辭典、語法手冊、或邏輯教科書，然後據之以決定或規定某語言表式之為何義、應如何結構、是真是假等。在整個分析哲學的潮流中，史陶生跟羅素、塔斯基(Tarski)、卡納普(Carnap)、弗烈克(Frege)等語言哲學中的形式主義者，大異其趣。

超越論證始源自康德，史陶生擷取其形式而代之以不同的實質。康德《純粹理性批判》的前半部，即「超越的成素論」(Transcendental Doctrine of Elements)，整體而觀就是一個宏大的超越論證：康德以人類「既有如此的經驗」這事實作為前提，回溯地推述如此的經驗（及經驗對象）之所以可能的必要條件——

---

⑭　史陶生，〈真理〉(1950)，收於其文集《邏輯─語言論文集》，倫敦，蜜思安有限公司，1971年版，頁204。

⑮　同上。

這些條件，就是經驗之能成為經驗的預設。細部而觀，康德在很多個別的理論上，例如他對時間、空間的超越解析(transcendental exposition) 以證明時間、空間是先驗直覺；對知性範疇的超越推述 (transcendental deduction) 而論證一切直覺雜多必然置於本源統覺(original apperception)的綜合統一等，都使用同樣的超越論證方式。

若把康德論證的形式抽離出來，亦即把其特定的內容除去，則我們便清楚見到超越論證的一般形式，可如下表示：今有命題（或事實）p，若p要是如此這般的p的話，則q要被預設。超越論證的目的，就是要把所與命題或事實的預設條件發掘出來；上述p就是所與的命題或事實，q就是推演分析出來的預設條件。在具體的論證中，要由p回溯地推演出q，在方法上康德便常以一個形式提出問題以作為分析推演的指引，這形式就是：p 是如何可能的？康德即沿這樣的問題進行追溯。

史陶生在很多地方也使用超越論證的方式，但最重要的，乃是在其《個體》一書，超越論證是使他獲致成果的方法。史陶生要證明我們思維的基本結構體，是一個由殊相(particulars)所構成的時空體系，這也就是他描述形上學所承諾的一個發現。要達此目的，他從一事實出發，這就是我們實際上有效地使用語言這一事實，推演這事實之所以可能的必要條件（預設），由此而證定殊相的時空體系。康德的回溯性(regressive)超越論證，在史陶生那裏被灌入新的內容。為著標示二者的差別，我們將稱史陶生的論證為「語言使用的超越論證」，這同時也標示出其特色。其論證有甚多複雜且專門的細節，我們在下一章（第二章）會有所交代。

第五節　哲學體系和核心假設 (Hypothesis)

　　一個哲學之成為體系，必有其不同的部份，而這些部份亦必要結構起來而成一體。史陶生的哲學，分解開來，有四個部份，此即形上學、知識論、邏輯哲學、和語言哲學；如果依史陶生所言，邏輯和語言哲學無從劃分的話，則可說有三個部份，但不管說三個或四個部份，它們都是貫通為一體的。他的形上學是一種知識論的形上學(epistemic-metaphysics)，其中知識問題與存有問題是一體兩面；也可稱為分析的形上學 (analytical metaphysics)，因為他從語言的結構和指涉 (reference) 入手以討論存有問題。他的語言哲學及邏輯哲學(philosophy of logic)，亦連貫起來而可稱為邏輯・語言哲學(logico-linguistic philosophy)，而此又關聯到其形上學或知識論。因此，無論從那一個領域開始去研究史陶生的思想，最終都要涉入其他領域；但其知識論的形上學無可否認地是整個哲學體系的根基，因為他的語言哲學、邏輯哲學，以及其他很多個別的哲學主張，最終仍然是歸結於其形上學而獲得證定。不過，在具體發展其哲學思想時，史陶生是從一個邏輯問題著手，正如康德以「先驗綜合知識如何可能?」這一問題為工作問題(working problem)一樣。

　　史陶生形上學、知識論、語言和邏輯能夠貫穿起來而連成一體，端賴乎一個核心的「對偶(duality)」。此對偶有三個面相(或說三個呈現的方式)：在邏輯和語言方面看，它是主、謂辭的對偶；

在知識論方面看，它是直覺與概念的對偶；在形上學（存有論）方面看，它便是殊相與共相的對偶。史陶生這樣說：

> 任何認真地探究人類知識、知識的對象、或知識的表達與溝通〔這三方面〕的哲學，都必定要認識此一對偶。這三方面實是同一哲學探究的三個不同方向，而不是三個不同的哲學探究。〔因而〕，存有論、知識論、和語言理論，並不是真正可以分離的。我們的對偶，是以不同的形式而呈現於這三方面⓰。

這一「對偶」，就是史陶生所謂「人類思維結構體」的骨幹，是「任何對經驗或經驗知識的哲學思考所無可避免的基本對偶」⓱，我們對此將稱之為「三相對偶說」(Theory of Triglot Duality)。

三相對偶說所假定的，是人類思維的基本結構體。若就其本身而言，我們對之無可陳述，因為一給予陳述，就只能是它的某一定相，然而，它既然是思維的基本結構體，則它又必然地決定了我們實際思維的基本模式，這亦即是說，它以某一特定的定相呈現為我們實際思維的基本模式。在哲學而言，人類實際思維所形成的領域，最核心的就是形上學、知識論、邏輯和語言，因此，思維的基本結構體亦必然地以某一定相呈現於這些領域，質言之，它以殊相・共相的具體定相，呈現於形上學；以個別物項(particular items)・概念的定相，呈現於知識論；以主辭・謂辭的

⓰　史陶生，《意義的範圍》，倫敦，蜜思安有限公司，1966年版，頁47。

⓱　同上，頁20。

定相，呈現於邏輯和語言。這些定相似乎有所不同，但也只是因應不同領域的不同特色和用語而呈現，故它們之間，也只是相狀上、用語上不同，而實質地，它們是同一基本結構體的三個面貌而已。是以，史陶生的假設可以總結為這樣：人類思維有一基本結構體，此結構體以三個相狀呈現於三個領域而成為該領域中思維的基本模式。

因而，三相對偶把形上學、知識論、語言和邏輯貫穿起來，其具體的方式，是一一呼應，互相說明。設使我們從語言和邏輯入手（史陶生即如此），則語言和邏輯中的主辭及其邏輯性格，可以藉殊相及其存有性格加以說明，固亦可以藉經驗直覺及其知識論性格予以說明。史陶生即依此路數而去證定邏輯中主、謂辭的地位，而認為康德則是從知識論方面入手以證定此對偶的超越必然性⓲。

這學說對於我們了解史陶生哲學，十分重要，因為，我們將可明瞭，史陶生如何可以從邏輯和語言的進路而涉入形上學和知識論，例如他的形上學，便是從語言的使用而證定物體和個人是基本的存有者。但更重要的是，三相對偶說讓史陶生能完成他的任務——給予邏輯主謂對偶一個形上證定，因為只有依靠此三相對偶之假設，史陶生才有根據可以通過形上學的殊相和共相及知識論的個別物項和概念，來說明邏輯中的主辭和謂辭。關於這項證定，我們在本書第五章會予以表述。

⓲　同上，頁47-48。

第二章　史陶生的形上學(一)：殊相

第一節　史陶生形上學的要點

史陶生的描述形上學，目的是要把人類思維的基本結構，揭露出來。在這追求之下，他所揭示的，就是一個基本上由殊相(particulars)所形成的存有架構，他說，「我們的存有論包含客觀的殊相」❶。但這並不表示說，殊相是唯一可稱為存在的東西；在一個特殊的意義下，史陶生亦容許共相(universals)的不可化約的地位。

史陶生《個體》的前半部，完全是致力於建立（或更適當地說，「發現」）其殊相的存有體系。他的方法，就是語言分析和超越論證的結合。今把細節和枝葉除去，其論證的整體骨幹，可歸結如下，我們使用語言來「辨識」(identify)及「再認」(re-identify)❷

---

❶　《個體》，頁15。

❷　這兩個是史陶生常用的專技名詞。所謂「辨識」，是指我們使用某些語言去指謂和確認某個別的人、事、物，這些我們所使用的語言，典型的類型就是專有名詞和「特定描述」(definite description)等。

特定的殊相，但如果特定的殊相之辨識及再認是可能的話，則我們必要有一個由殊相構成的時空體系，以做為此辨識及再認的必要條件。今我們事實上成功地使用語言來辨識和再認特定殊相，故一個由殊相構成的時空體系，就是必要的預設。史陶生殊相的存有論，依此論證而建立。

殊相分成兩類型，其一稱為基本殊相 (basic particulars)，另一稱為依存殊相 (dependent particulars)。二者的分別是在於依存殊相必須預設基本殊相方能存在；反之則不必然。

所謂基本殊相，仍只是就其「存有優先性」(ontological priority)而言；實質上，基本殊相就是指物質形體(material bodies)和個人(persons)；史陶生更指出，只有物質形體和個人，才有資格成為基本殊相。因此，在史陶生的存有論中，「個人和物質形體是基本的存在者」❸，所謂「基本」，即是最根本的、第一義的意思。

殊相的存在，不是孤立的，它們必然地彼此間有最基本的關係，此即時空關係。任何殊相，如果要說它存在，則它必然要存在於一個相對的時空定點上，這亦即是說，殊相存的最起碼條件，就是其時空性。換言之，時空關係貫透於每一及所有殊相，使每一及所有殊相都可關聯起來，而構成一時空網絡。總結而言，史陶生存有論的基礎結構是一個由物質形體和個人所構成的時空

所謂「再認」，就是「再次辨識」。辨識和再認（再次辨識），都是辨識，只不過，「辨識」是強調初次，而「再認」是強調初次以後的辨識。

❸ 《個體》，頁247。

體系。

　　除了殊相以外，亦有共相。但共相之所謂「存在」，　並非與殊相平行地二元存在，亦非以同一意義地說「存在」。於此，史陶生並沒有明白宣示，但有兩點可以肯定，第一，共相不是柏拉圖式的實在，第二，共相也不是如唯名論者所言之為子虛烏有。關於共相的存在地位，我們在討論到史陶生的知識論時，也許能有較明確的斷定。

　　共相有三大類型，此即類別共相 (sortal universals)、質別共相(characterizing universals)、和料別共相(feature universals)。類別共相的典型便是「類」，例如人、動物等；質別共相的典型是性質或品質，例如智慧、可溶性等；料別共相的典型是物料(materials)，例如煤、羊毛等。史陶生所謂料別共相，其理論極具爭議性，甚至他自己亦非十分肯定確有這類共相，故我們下文只會略加介紹，但不詳述。

　　共相的領域，有其內在的邏輯系統，而與殊相的時空系統不同。首先，無論是類別共相或質別共相，在各自類型內皆有由高至低多層次的分別，由此而成一金字塔式的層級結構 (hierarchy)。再者，共相與共相間，就其繫定於某一殊相時，亦可有兩種邏輯關係，其一稱為排斥關係 (exclusiveness)，另一則稱為涵攝關係(involvement)，依此兩種關係，任一繫定於某殊相的共相，皆有其他共相與之互相排斥，亦有其他共相為其必要條件或充足條件。總之，任何一共相，都在層級結構中有一定位，亦處在一邏輯關係的網絡中。

　　然而，共相與殊相有何區別？二者又有何關聯？這兩個問題，

自柏拉圖開始，歷來已討論甚多。史陶生循其哲學方法和取向，對此兩問題有非常獨特的解說。關於二者的區別，史陶生從我們使用語言以引進(introduce)殊相和共相時，所預設的條件之不同而區別二者之不同。照他的分析，我們引進一殊相於談話中，必需預設我們對該殊相的一些事實有起碼的知識，例如何時何地等；而引進一共相，卻無此預設，只要我們對該共相名辭的意義有所了解便可。也許，史陶生的這種分辨方式，不能滿足傳統的形上追求，因為傳統上我們的形上追求，是要得知事物的「本質」，而史陶生從共相名辭與殊相名辭之使用條件之不同，而區分共相與殊相之不同，似乎未觸及它們在「本質」上有何不同。但我們得注意到，史陶生的形上學是分析的形上學，不是傳統的玄思形上學(speculative metaphysics)。

　　關於共相與殊相的關聯，史陶生沿用傳統邏輯所使用過的觀念「繫結(tie)」❹來加以說明。史陶生所重視的繫結，稱為斷言繫結(assertive tie)，這就是用斷言判斷的方式，把兩個項目(terms)結合起來，而結果是要產生一個有意義的命題❺。繫結可以建立於共相與共相間、或殊相與殊相間，但史陶生認為，最基本的，是殊相與共相間的繫結，此亦稱為「基本組合」(basic combination)，其他的繫結方式，只是這基本組合的延伸而已。這個理論，對史陶生的哲學邏輯，十分重要。

---

❹　傳統邏輯家約翰生 (W. E. Johnson) 即使用此觀念以說明實體名詞 (substantive) 與形容詞 (adjective) 的結合。見 W. E. Johnson, *Logic*, Part I (New York: Dover Publications, Dover Edition, 1964), pp. 10.

❺　《個體》，頁167。

以上所述，是史陶生形上學的要點。本章以下各節，將詳細論述他關於殊相的存有論，而在第三章，我們將討論到他關於共相的理論。

第二節　殊相的時空系統(Spatio-Temporal System)

在史陶生的系統中，個體是最基本的存在物；換言之，殊相不能再化約為其他更基本的存有；這亦即是說，「殊相」概念是一個元始概念(primitive concept)，不能給予本質定義或同義詞。然而，殊相的必要條件及例子，卻可定出。

照史陶生言，下列東西都是殊相：「歷史事件、物質形體、個別的人及其影子都是個體，而品質和性質、數目和種類，就不是殊相」❻。三度空間的物體是典型的殊相，此外，兩度空間的影子，以及發生於特定時空的事件，例如一場戰役、一個誕生或死亡，以至一個夢、一個念頭、一次痛苦（如牙痛）等，都是殊相。殊相的必要條件，就是時空性：它必須有一個空間形體或定位，也必須有一時間定點。史陶生舉例說，如果有人講有某事發生或某物存在，而此事物卻沒有時空性，「則我們會認為那所講的事沒有真正發生、那所講的東西沒有真正存在」❼。

史陶生所言的殊相，並非傳統玄思形上學的概念如巴克萊的「觀念」或萊布尼茲的「單子」，而正是我們日常經驗中所了解

---

❻　《個體》，頁15。

❼　同上，頁29。

到的物項(items)。在我們日常使用的語言中，充滿了各式各樣的名字(names)，例如「張三」、「李四」、「國貿中心」、「臺北車站」等；也充滿了各式各樣的特定描述(definite descriptions)，例如「那一幢房子」、「該篇論文」、「該場電影」、「這個案件」、「我的媽媽」、「那場大火」等的語言表式(linguistic expressions)，都指謂特定的殊相。簡言之，史陶生所謂的殊相，就是我們實際經驗中的個別物項；而這些物項，亦正是構成經驗世界的存有。

一切殊相都存在於一個基本的 (fundamental)、統一的 (unified)、涵蓋的(comprehensive)時空架構中。所謂涵蓋，是指任何殊相都必然與其他殊相有時空關係，換言之，任何殊相之存在，必然存在於時空架構之內，而不可能存在於架構之外，亦即不可能孤立地存在，這亦即是說，時空架構必然涵蓋一切存在的殊相。所謂統一，是指這個時空系統只有一個，即吾人所實際使用的那一個；空間是同一個全涵的空間，時間也是同一個全涵的時間，不可能有兩種空間或兩種時間。所謂基本，是指殊相的時空關係存有地先於(ontologically priori to)其他可能有的關係，例如因果關係等。

史陶生的這個關於時空之單一性和涵蓋性的理論，事實上是繼承康德的。康德在「超越的感性論」中，論證了時空的先驗必然性、單一性、和涵蓋性。在康德，時空是一切經驗直覺的必要條件。史陶生用他的方式，表達了同樣意思，即時空是一切殊相存在的必要條件。康德指出，作為吾人感性形式的時空，只能是一個，所謂不同的時空，亦只是同一時空的部份而已；史陶生亦認為如此。不過康德有康德的論證方式，稱之為形上的解析

(metaphysical exposition)。史陶生也有自己的論證方式，以說明為何殊相必然要存在於時空架構中、又為何時空架構只能是一個單一整全的系統。史陶生的論證，充份顯出其為語言哲學家的特色，吾人名之曰「殊相辨識的超越論證」(Transcendental Argument from Particular-Identification)，表述如下節。

第三節 殊相辨識的超越論證 (Transcendental Argument from Particular-Identification)

所謂「辨識」(identification)，是說吾人使用某一語言表式以指謂某一特定的人、事、物，而聽者亦依此而知道所指的是那一個人、那一件事、那一件物（這些就是特定的個體）。具有此功能的語言表式，史陶生稱之為「特指表式」(uniquely referring expressions)；質言之，就是專有名詞和羅素所稱的「特定描述」(definite description)。我們於上節所舉的例子，如「張三」、「李四」、「那一幢房子」、「該篇論文」等，止是這些用以辨識殊相的名字和特定描述。

辨識有兩種方式：其一稱為「現目辨識」(demonstrative identification)，另一稱為「非現目辨識」(non-demonstrative identification)。現目辨識是當所指之人、事、物就在講者聽者眼前（見到、聽到、或摸到）而作；亦即在實指之人、事、物面前而作辨識，且經常伴以動作，例如用手指著該東西；現目辨識最

常用的語言是「這……」，例如「這棵樹是楓樹」。當然，現目辨識也常使用其他語言表式，例如「你」、「他」、「它」、「該……」、「那……」等等。現目辨識最重要的特色之一，是它確定了最少兩個殊相在此時此地存在，此即講者及被指的東西；而如果在一對話情況中，則有三個，即講者、聽者、及被指的東西。現目辨識另外一個特色，是它的直接性和當下性，即它不必依賴其他的辨識為媒介而本身即可成立。但是，現目辨識的使用範圍，有很大的限制，就是該被指的東西一定要此時此地擺在眼前；然事實上我們所談及的東西，有極大部份不在此時此地的眼前，例如說「秦始皇焚書坑儒」，其中「秦始皇」所指的殊相，在我們談話的時空是不可能呈現的，因此，另一方式的辨識，有其更多的效用。

現目辨識的限度，就正是非現目辨識使用的開始。事實上，我們使用語言以辨識殊相，絕大部份是非現目辨識，特別是書寫的語言。非現目辨識是使用一個特指表式去指認一個不在當下時空的殊相。我們上舉「秦始皇焚書坑儒」即是一例，此外，「該場電影」、「那個專找人麻煩的鄰居」、「接電話的那位小姐」、「清朝的那位最後皇帝」等等，都是非現目辨識的特指表式，我們賴這些表式以溝通和談話。在正常情況下，我們都能有效地、成功地使對談雙方都知道是那一個特定的人、事、物被談及。

特指表式能夠成功地達成它的功能，就在於它能夠指定出一個，而且只是一個的殊相，使聽者能知道是那一個特定的殊相被談及。特指表式使用之失敗，亦正是當它不能指定出一個而且只是一個的殊相，這有兩種情況：其一是，事實上沒有那個殊相為該表式所指，經典的例子，就是史陶生和羅素所討論關於述句「當

今那法國皇帝是禿頭的」之真／假或無所謂真／假，問題產生於事實上法國當今沒有皇帝，故「當今那法國皇帝」這表式實無所指。另一種失敗的情況，是當有很多個殊相都能回應或符合某特指表式之所指，例如當我們在一畢業典禮中說「該個穿畢業禮服的學生是男生」，此時我們所使用的特指表式「該個穿畢業禮服的學生」，便毫無作用，因為有多個殊相都符合這個描述。

特指表式使用失敗的例子是有的，但事實上成功才是正常情況，否則我們無法溝通和對談。史陶生要反省的問題是：特指表式是我們實際使用的語言表式，它們成功地讓我們能辨識我們所要辨識的特定殊相，但這是如何可能的？這個問題實只是探究上的方法問題，它用以指引吾人追尋特指表式之所以成功的預設（必要條件）。在這個指引下，史陶生有所發現。

特指表式使用的有效性，須要滿足一個起碼的條件，史陶生稱之為「獨一性條件」(Requirement of Uniqueness)，此即：在某特指表式使用的脈絡(context)中，只有一個殊相能符合該表式的描述（即能為該表式所指）。這個條件主要是對非現目辨識而言，也是非現目辨識之所以可能的必要條件。

不過，在實際上，這條件可以作較寬鬆的解釋，即只要「聽者能根據講者之所言而能知道什麼、或那一個體是為所指者」❽。這樣說似乎把成敗的責任都歸之於講者，但很多時候，聽者不知道那一個殊相是被談及，是因為聽者對該話題(topic)所知不足甚或一無所知，而不一定是因講者不當使用某特指表式而致。史陶生對這種情況設法補救，而有所謂「無知假定」(Presumption of

---

❽　同上，頁20。

Ignorance) 及「知識假定」(Presumption of Knowledge) 之說❾。
這兩假定是同時互補的，此即，當講者要談及某一話題（某一殊相），他必先假定聽者對此話題已知什麼（知識假定）及不知什麼（無知假定），在此兩個假定下，他（講者）使用適當的（配合聽者所已知及未知者）言辭。例如當我們說「秦始皇焚書坑儒」，我們已假定聽者最少知道一個事實，即「中國有一個皇帝叫秦始皇」，否則聽者將無從知道什麼樣的一個殊相被談及。

縱使有了上述兩個假定，仍不能保證獨一性條件可以被符合，因為，第一，我們仍無法保證——至少在理論上而言——只有一個殊相是為我們的特指表式所指；且第二，我們使用非現目辨識的表式來指認某特定殊相，此被指的東西不在眼前，故我們在理論上終極地仍無法說明是否有此一個東西存在而被吾人談及，例如我們說「秦始皇焚書坑儒」，今又有何最後的辦法以說明真有此一個殊相存在？當然，我們可以舉出很多事實做為證明，例如說「司馬遷的《史記》有此記載」，但同樣的問題一樣出現，即，此又如何證明「司馬遷」及「司馬遷的《史記》」所指的兩個殊相果真存在？以上兩個疑慮若不獲得解答，則特指表式（非現目辨認的）將成理論上不可能；然而，非現目辨識卻事實上為我們所有效使用。

在這個關節上，一個康德式的問題便出現，此即：非現目辨識是如何可能的？這個問題已不是問非現目辨識是否可能，因為

---

❾　見史陶生，"Identifying Reference and Truth-Values," original in *Theoria* XXX (1964); reprinted in his *Logico-Linguistic Papers* (London: Methuen, 1971), pp. 76–77.

非現目辨識事實上已經為我們有效地使用，故再無所謂可能不可能的問題。史陶生的問題，旨在追溯出它們之所以可能的根據，有如康德要追溯出先驗綜合判斷之所以可能的根據一樣。我們前述謂史陶生有其「殊相辨識的超越論證」，就在此關節言。

　　史陶生的論證如下。對於不在我們眼前的殊相之辨識（即對於與吾人當下有時空距離而不能為我們所直接辨識之殊相），我們仍可能通過另一個或一些的特定描述，「把該殊相獨特地關聯到一個為吾人能現目辨識的殊相」❿，藉此獨有的關係，我們即可辨識那不在眼前的殊相。換言之，時空遙遠的殊相，實可通過一連串的獨有關係而連結到一個當前的殊相而非現目地、間接地被辨識，這亦即是說，非現目辨認之可能性，乃在於它可通過連串的中介辨識而最終與一個現目辨識接上，此現目辨識所指的個體就在吾人眼前、甚或就是吾人自己。

　　例如，當我們說「那城市很髒」，我們是使用了一個特定描述「那城市」，意思當然是指某一特定的城市，通常聽者亦能知道所指的是那一個城市，但此並無理論上的保證。然而，當我們再補充說，「那城市是在北方距此一百公里的」，則我們所指的特定城市便確定下來，因為這補充說明（即中介描述）是描述了我們說話者自己與該城市的空間關係，而這空間關係又是獨有的，因為在正北方而距離我們一百公里處，不可能同時有兩個城市，故「那城市」與我們（說話者自己）的空間關係是獨有的，因而亦確定了「那城市」是為我們所特指。史陶生說，「對於我們所要指稱的每一個殊相，我們都有某些描述可以把它獨特地關聯到對談

❿　　《個體》，頁21。

之一方或當下的談話情境」 **⓫**。這裏要注意到，所謂「對談之一方」或「當下的談話情境」，就正是現目辨識下的殊相，此即那當事的講者或聽者，亦或談話的那語境，而不管何者，都是在當下的一個時空定點上的殊相。質言之，我們用「那城市」這特指表式來指稱那不在眼前的一個特定城市 (殊相)，其所以能夠成功的最後根據，就在於那城市與我們有一獨有的時空關係。根據此獨有的時空關係，「那城市」這表式，便不可能有所二指，也不可能一無所指 (否則，便無所謂關係)，如此，特指表式的獨一性條件，便得以符合。

時空關係固不止存在於談話者與被辨識的殊相間，且存在於任何兩個殊相間，理由很簡單，即若有任何某殊相可被辨識，則它必然地、終極地與一個當下目前的殊相有時空關係，因為這正是它之所以可能被辨識的終極預設條件，因此，史陶生乃進而指出，時空關係是貫透的(pervasive)和涵蓋的(comprehensive)。換言之，一切可被指認的殊相，必然處在時空關係的網絡中。他宣稱說：

> 對於在時空中的一切殊相，我們不僅可以說，而且必然要肯認就是有這樣的一個系統；此即時間和空間關係的系統，其中每一個殊相都是獨特地關聯到其他每一個殊相 **⓬**。

殊相辨識的超越論證到此，已獲結論，就是：一個由殊相構成的

⓫ 同上，頁22。

⓬ 同上。

時空體系，是我們語言（和思維）所賴以運作的存有架構。

第四節 基本殊相：物體(Material Bodies)

一切殊相，就其存在的優先性言，分成基本殊相，亦稱自存殊相(independent particu-lars)和依存殊相(dependent particulars)兩大類型。二者之分別，亦是從辨識的優先性而證立。

關於基本殊相，史陶生這樣說：

> 有一類型殊相 β，除非藉著另一類型殊相 α，否則它們不能被辨識；相對而言，類型 α 的殊相則不必藉著 β 型殊相即可被辨識[13]。

其意思就是：β 型殊相是依存殊相，因為它們必須依賴 α 型殊相才能被辨識；α 型殊相則沒有這種依賴性，其本身有獨立的可辨識性 (identifiability-independence)[14]。基於此，史陶生界定了某一類型殊相的基本存在地位，他說：

> 這個事實可以合理地表示說，在我們的架構中，α 殊相是存有地優先於 β 殊相；或者說，α 殊相比 β 殊相更為基

---

[13] 同上，頁17。

[14] 所謂 α 及 β，只是任取的兩個代號，用以表示兩類個體之比較，並無其他實質意義。

本❺。

　　舉例說，「張三」是比「張三的笑容」更為基本，因為我們不必藉著或預設對「張三的笑容」之辨識，就可獨立地對「張三」辨識；反過來，我們必須要能辨識「張三」才能辨識「張三的笑容」，因此，「張三」相較於「張三的笑容」是更為基本。同理，我們也可決定「李四」比「李四之死」更為優先，因為除非先有「李四」，否則不可能有「李四之死」這個殊相，後者是依存於前者的。

　　此種辨識的依存關係，或說基本性之比較，不可能無窮地伸展下去，總有某些殊相是最後的，即是最基本的——它們的辨識再不必預設任何其他殊相之辨識，而其他殊相之辨識卻必須預設對它們之辨識。具有此種辨識之獨立性的殊相，便是基本殊相。

　　史陶生認為，在吾人的時空系統內，有兩種類殊相是屬最基本型態的，此即物體和個人。

　　史陶生所言的物體，並不是如笛卡兒所言的物質實體 (substance)。就其最低限度的意義言，物體即時空的佔有者(occupants)，也即是時空物項(items)，其定義就由其時空性而給出。至於說物體是否為物質的東西，此點史陶生並未明言，但由其知識論而觀，史陶生不會亦不能把傳統形而上意義的「物質」概念入構於其存有論系統中。正如巴克萊指出，「物質」這抽象名詞，在經驗中實無所指，因為我們只經驗到個別的物體。

　　但物體為何會是吾人時空系統的基本殊相？史陶生有兩個論證，吾人分別稱之為分析論證及辨識論證。分析論證是由時空系

❺　同上。

統之概念演繹出其結論，今重構如下：

　　吾人所賴以運作的是一時空架構，此架構的構成單元 (con-stituents) 必然是具時空向度的存有，因為若說在時空系統內的單元沒有時空向度，顯是自相矛盾。因而，任何殊相如果要說其存在於吾人時空系統中，則它本身必然是具時空向度的東西，或是由具時空向度的東西所導。若它是由具時空向度的東西所導出，則它顯然不是最基本的，而那本身具時空向度的東西才是最基本，此種本身具時空向度的東西，即吾人所謂之物體，故物體是基本殊相❶。

　　辨識論證是由殊相的非現目辨識之依存性而證明物體是基本殊相，論證如下：一切非現目辨識必然通過另一個或一連串的中介辨識（本身也是非現目辨識）而最終必與一個現目辨識連結，此就是非現目辨識的最後根據。今現目辨識所指的，必然是一個當下公共地可觀察(publicly observable)的時空事物，否則它不可能成為現目辨識所指的對象。又此現目辨識再不必預設其他辨識而本身即可獨自成立，故其所指必然是獨立殊相，所以，那公共地可觀察的時空事物就是一獨立殊相；而公共地可觀察的時空事物基本上即是吾人所謂的物體，故物體是獨立殊相❶。

　　史陶生的兩個論證，其實是不能達致其結論的 (inconclusive)，因為「具有時空向度的東西」與「公共地可觀察的事物」，不必只就是物體。物體固然符合此兩個描述，但符合此兩個描述的，仍

---

❶　此論證是經過重整的(reconstruct)。原論證參考史陶生之《個體》,頁39-40。

❶　參考史陶生《個體》，頁39-40；及本章第三節。

可能有其他東西，例如事件、狀態、歷程等，都是有時空向度及可直接觀察的。我們說「這一場戰爭」、「這個喪禮」、「這場水災」等等，都是有時空向度且是公共地可觀察的，然我們很難說這些亦都是物體。因此，史陶生的論證充其量可以證定物體是基本殊相之一，但無能證定物體是唯一的基本殊相。

史陶生要補救上述的缺憾，乃有一個補充論證，以排除其他東西成為基本殊相之可能性。他說：「一大類的個別狀態和情況、事件和歷程，要被理解為必然地是其他類型殊相所經歷的或進行的狀態和情況；這其他類型的殊相，明顯的就是物體或具有形體的東西」⑱。我們對事件、狀態、或歷程的描述或辨識，必然預設對物體（或個人）的描述或辨識，因為事件、狀態、及歷程之發生，必然依存於物體（或個人），例如說「一個誕生的歷程」，這必然是某一個人（或生物）的誕生歷程，「一場戰爭」必然是由很多個人和物體（武器）構成的事件；因此，物體（及個人）比事件、狀態、及歷程來得更基本，更符合基本個體的定義。只有再補充這個論證，史陶生才能堅持物體（及個人）是唯一的基本殊相。

基本殊相的另一類型是「個人」。這概念牽涉甚廣，且有特殊意義，故在下一節獨立處理。

第五節・基本殊相：個人(Person)

史陶生有關「個人」的理論，在心靈哲學(Philosophy of Mind)

⑱　同上，頁52。

中有特殊的地位。他一方面反對笛卡兒式的心物二元論，另一方面亦反對維根斯坦式的「無主論(No-Ownership Theory)」❶；他論證「個人」此概念是最元始的，不可再分析或分解的。

照笛卡兒的二元論，「個人」的概念，可有二指：一是指思維實體(substance)，即一般所謂的「心」或「心靈」，它是一切心理狀態的主體(subject)；另一是指物質軀體，它具有各種物理屬性，其中最基本的是空間性。此兩種性質不同的實體結合一起而交互影響。在此理論下，我們對「自我」或「個人」的描述，便有兩行意義或兩系統的謂辭，例如當說「我感到悲傷（或愉快）」，其中「我」之所指，乃是心靈實體，而「悲傷（或愉快）」則是指此心靈實體的狀態；然而，當說「我腳傷」，其中之「我」卻是指一軀體，而「腳傷」則是指此軀體一部份的狀態。換言之，對於同一個個人（或自我），就有兩系統的謂辭，即心理謂辭(mental predicates)及物理謂辭(physical predicates)；前者只描述「心靈的我」而不能描述「軀體的我」；後者則又只能描述那「軀體的我」而不能描述「心靈的我」。

依語言哲學的進路，史陶生指出笛卡兒二元論的四種困難，今分述如後。第一，同樣的心理謂辭在加諸第一人稱和第三人稱時，便出現不同的意義和使用法則。例如當我說「我感到悲傷」，其中「悲傷」一謂辭的使用，是建基於當下直接的一種私人經驗或感受；我不必先觀察自己的行為表現才推論說「我是在感到悲傷」。但當我說「他感到悲傷」，其中「悲傷」一辭之加諸「他」，卻是要根據於「他」所表現出的行為，例如某組合的面部表情、

---

❶　同上，頁95。

聲音、身體姿態等；換言之，我之描述他為悲傷，是建基於對他「身體」表現的觀察，而不是建基於直接的感受，因此，稱他為「悲傷」，實際上是依觀察而作的推斷。分析的結果顯示，「悲傷」一謂辭用之於第一人稱與用之於第二人或第三人稱，具有不同的意義和使用規則。依同理，在笛卡兒的理論下，一切心理謂辭都要分出兩列意義，即第一人義和第三人義，但史陶生指出，我們字典裏或事實的使用上，都沒有作這種分裂。

第二，如果照笛卡兒所言，心靈是一純思維的實體而無任何物理特徵，則我們將理論上不可能以心理謂辭加諸他人，因為我們不可能觀察到他人的心靈及其狀態；而且，心理狀態完全是隸屬於個別心靈的，它們不可轉移，例如我所感到的悲傷，不可能提出來轉置於他人的心，因而，就我（或你或他）所了解的「悲傷」一辭，便無法有公共意義，因為沒有公共可觀見、可分佔的悲傷以作為「悲傷」一辭的指涉。心理狀態的私人性，使得心理謂辭只有私人意指而無公共意指，因此，它們之如何可能用來描述他人心靈狀態，笛卡兒二元論無從解答。

第三，如果心靈就只是心理狀態的主體，則如上所言，我們無法觀見他人的心理狀態，更亦無法觀見那主體的心靈，因此，我們亦將無法辨識別人的心靈主體，即無法辨識他「我」。當然，我們可以辨識個別軀體，但若照笛卡兒所言，軀體不等於心靈主體，所以指認個別軀體並不即能辨識那心靈主體，結果是：作為心理狀態主體的「別人」，我們無法辨識其究竟是誰。

第四，若照笛卡兒所言「自我」是一純粹的思維實體，則我們將無從辨別個別不同的心靈，因為我們必須依賴時空定點來辨

別個別的單位，今若以思維實體為無時空特性的東西，則這些思維實體如何可能被分辨為一個一個的個體？如果要構想純粹的思維主體，則它亦無個別可言，亦即無「你」、「我」、「他」可言。但這又並非是笛卡兒所願意接受的結論，也不是我們日常語言所依之而運作的設定。

笛卡兒的二元論有種種困難無法解決，而從語言哲學中所產生的無主論，是企圖放棄心物二元的說法。但史陶生指出，無主論本身亦不能成立，因為它有內在的不一致。

無主論並非某一哲學家明確的主張，而是一種隱約的思想，暗藏於多個哲學家的言辭中，此包括維根斯坦、黎登堡(Lichtenberg)、石里克(Schlick)等，也許我們亦可認為萊爾(Gilbert Ryle)亦具有此種思想。

無主論反對心物二元的區分，認為語言中「我」的一辭，只有一種意義，即「這軀體」的意義，除此以外，再無另一主體去「擁有」所謂心理經驗。黎登堡建議說，笛卡兒所言的「我思」，應改為「有一思想」更為適當，其中作為思維主體的「我」，可被除去。維根斯坦的分析則指出，語句例如「我感到痛苦」，不必是指陳有某物（心靈）在經歷一種經驗稱為「痛苦」，這語句之發出，本身即是痛苦行為(pain-behavior)的一式；「痛苦」、「有信心」、「有知覺」等的心理謂辭，其使用準則完全在乎環境和顯現的行為，換言之，我們不必假設有一心靈主體來說明這些謂辭之所指或所屬；這個軀體及它所顯現的行為，就界定了這些心理謂辭的意義。維根斯坦是否為一個無主論者，很難斷定；但他對心理謂辭的某些分析，卻強烈暗示一種行為主義的無主論。

　　史陶生指出無主論無法消滅那語言表式中的「我」，因為即使在無主論者的論證本身，也無法避免使用「我」或「我的」這些主體表式。

　　考慮如下的一個語句：「所有我的經驗都依賴乎（我）這個軀體而發生」。這語句表達一事實，即我的經驗要依我這軀體而發生，是以這語句是表示一綜合命題（經驗命題）。但如果照無主論的分析，語句中「我的經驗」就必須轉換成「這軀體的經驗」，因為無主論認為「我」一辭只是指涉軀體，除此則別無所指。轉換之後，原來的語句就變成說：「所有這軀體的經驗都依賴乎這軀體而發生」。但此轉換後的語句，其性格改變了，它已是一必然真的分析命題——它不必訴諸事實、也不陳述任何事實，只須通過字面意義的界定，便可確立為分析地真——但卻是一句空話。又如果無主論者認為該語句中的「我」字是多餘，可以除去，則該語句又變成說：「所有經驗都依賴乎這軀體而發生」。但此卻是明顯的不對，因為事實上並非所有經驗都要靠我這軀體才能發生。因此，史陶生歸結認為無主論本身無法一致。

　　再者，無主論的分析，也違反了我們語言的使用事實。因為在語言的實際使用中，我們確實地是把種種心理狀態歸屬於某主體，即我自己。例如說：「我的情緒很穩定」，此是把一種心理狀態——穩定的情緒，歸屬於「我」這主體，而此「我」又不能僅以「軀體」來界定。再者，任何個別的心理狀態，都必須依賴於某一特定的個人才可被辨識，例如我們只能說「張三的忿怒」或「李四的哀傷」，而不能說「有一忿怒發生於張三」或「有一哀傷發生於李四」，因為若如此，我們實無從指認是那一忿怒或那一哀

傷在發生。質言之，特指的心理狀態，必須依屬於某一特指的主體；若把主體除去，我們將無法談及個別特指的心理狀態。因此，無主論不成立。

　　史陶生認為，我們若要跳出二元論及無主論的困難，必須要以「個人」為最元始(primitive)的概念，即是說，「個人」的概念，不可再化約為「心」與「軀體」兩概念，亦不可化約為只是「心」或只是「物」（「軀體」）任一概念。相對於「心」及「軀體」而言，「個人」的概念是更為基本首出。史陶生認為，個人是元始基本的存在元目，它不是由「心」與「軀體」所合成。史陶生強調：

　　　　說這個概念是元始的，就是說它不能以某一或某些方式被分解。例如，我們不能把個別的意識心靈和個別的人體看成是基本屬類卻把個人視為是第二序屬類的元目。❷⓪

這即是說，「『個人』的概念，不能以『有靈的軀體』或『軀體化的心靈』來再作分析」❷①；「元始」的意思，就是不能再以其他概念來賦予它定義。在「個人」、「意識心靈」、「軀體」三者之間，史陶生就是主張以「個人」為最基本、最元始的一個。

　　前文已有論述，物體是基本殊相❷②，今個人也是基本殊相，但二者有些不同。對物體，我們只能以物理謂辭加謂之；但對個人，我們可以而且必須以物理謂辭及心理謂辭同時加謂之。史陶

⓴　同上，頁104-105。

㉑　同上，頁103。

㉒　見本章第四節。

生指出，「個人就是一類型的元目，我們對之可同時使用描述意識狀態的謂辭及描述形軀特性、物理位置等的謂辭，平等地加諸其上」❷。例如說「我坐在這裏思考」，其中的「我」字，不是專指這一軀體，也不是專指這一意識心靈，亦不是指一個心靈與軀體的結合物，而就是指此單一的個體「我」；此單一個體，同時具有物理屬性「坐在這裏」及心理屬性「在思考中」。因此，當我們辨識某一個人時，例如說張三，我們是以其心靈屬性和物理屬性作為一整體(unity)而辨識，這是我們使用人名或代名詞的實際情況。

---

❷ 《個體》，頁102。

第三章 史陶生的形上學㈡：共相

第一節 共相的定義

要對共相(universals)下本質定義，並不容易，因為共相與殊相這一對概念，是十分基本的對偶，以它來界定其他對偶容易，若以其他概念來界定殊相與共相，則頗為困難。羅素在一篇文章，曾論證殊相與共相對偶的基礎性，並企圖給出二者的本質定義，但終歸失敗 ❶。

史陶生亦曾用不同的方式去界定共相與殊相（二者是相對的一組概念，談及一者必涉及另一）。歸納起來，史陶生對共相曾下過指謂定義 (denotative definition)、準本質定義 (quasi-essential definition)、及知識論定義 (epistemic definition)。本節將只表述前二者，知識論定義則在討論他的知識論時，會有所交代。

㈎指謂定義：史陶生所指的共相，沒有如柏拉圖理型的「崇

---

❶ 見Bertrand Russell, "On the Relation of Universals and Particular,"in *Proceedings of the Aristotelian Society*, Supplementary Volume XII (1911~12): 1-24.

高性」和超越性，它們就正是我們日常所經驗到的「東西」，此包括一般所說的性質（如可燃性）、種屬（如哺乳類）、類別（如人類）、狀態（如靜止）、品德（如正直）、歷程（如老化）、類型（如小轎車）、數目（如2）、關係（如父子）等等❷。更具體地說，下列名詞所表示的「東西」，也是共相：音樂、第九交響樂、工程、衣服、傢俱、學校、交通工具、三角形、運動、睡眠、勇敢、喜悅、焦慮、痛苦、戰爭等等。這些例子似是雜亂無章，但其實不然；它們正顯示出所謂共相，不外就是我們的日常語言、科學語言、和數學語言所涉及的「東西」；共相正是構成我們經驗知識的一大成素。然而，對上舉例子作進一步說明，實有其必要。

今任取一例來說，譬如「第九交響樂」。它是一共相，因為在它之名下，可包含很多不定數目的殊相。當我們說「某年某月某日在某音樂廳張三演奏第九交響樂」，我們是指謂一個殊相的第九交響樂；而當我們說「另年另月另日在另一音樂廳李四演奏的第九交響樂」，我們又是指謂一個殊相的第九交響樂。該首樂曲是一共相，而該樂曲的特定演出，則是一殊相。再舉另一例來說，譬如「睡眠」。僅就此名詞而言，它是意指一共相睡眠，但當說「我昨晚的睡眠」，則是指謂一殊相睡眠；同理，「他今天下午在辦公室所作的睡眠」又是指謂另一殊相睡眠。依此，人們自然會推論說，殊相是有特定時空定點的事物，而共相則是概括性的「東西」。籠統地可以這樣說，但不夠精密和準確，因為這樣說會產生一個困惑的問題，即，共相是否沒有時空特徵？如果有，則它們又與殊相何異？如果沒有，則它們將不存在於我們經驗世界中。

❷　參考《個體》，頁227及231。括弧內的例子，是本書作者補充。

(b)準本質定義：史陶生要對共相尋求定義，其進路仍然是一貫的語用分析。他考察我們使用語言作溝通時，有何預設條件才能成功地談及殊相和共相。他指出談及殊相和談及共相，各預設不同的條件；而依其預設條件的不同，乃能分辨殊相和共相之不同。以下詳加說明。

在一對話情境中，講者及聽者共同談及某一殊相，講者必須使用一些特指表式如專有名詞「劉邦」或特定描述「該開朝天子」來指認那被談及的殊相。但特指表式之能夠成功地指認該殊相而達成談話溝通目的，要滿足兩個條件，此即㈠實有一個、且只有一個特定人物對應於該特指表式；及㈡講者所指謂及聽者所領會的特定人物，是相同的一個，因為同名同姓或符合某特定描述的人物，可能有很多❸。但如何才能確定實有一個且只有一個該被談及的人物？又如何才能判定講者所指及聽者所悟的人物是同一個？

於此，史陶生指出，「要對一個殊相作辨識指謂，講者必須〔對該殊相〕知道某一〔或某些〕真的經驗命題……以致只有一個殊相能對應該描述」❹；所謂「真的經驗命題」，亦即其所謂的「個體化事實 (individuating fact)」❺，有時亦稱「辨識性知識」❻。例如當我們使用「劉邦」一名詞以企圖成功地指謂一特

---

❸　參考本書第二章第三節；及《個體》，頁181-183；及"Singular Terms and Predication" in *Logico-Linguistic Papers*, p. 63；及 "Identifying Reference and Truth Values" in *ibid.*, p. 76.

❹　《個體》，頁183。

❺　同上，頁23。

定殊相,談話雙方必要對劉邦這特定人物知道一些事實或真知識,憑這些事實知識以保證我們所講的「劉邦」就是那一個唯一的人物。個體化事實或辨識性知識沒有一定,只要它能達成功效便可,例如「他是中國漢代的第一個皇帝」、「他是和項羽爭奪天下的一個人」等等。不過,什麼事實或知識能夠達成其識別功能,就要視乎對談雙方對該談話主題所知多少而定;設使聽者對中國歷史一無所知,則上舉「他是和項羽爭奪天下的一個人」便毫無效用,因為聽者會甚而不知「項羽」和「天下」是指什麼東西或什麼意思❼。

　　史陶生進而考察引進共相的條件。對於共相之引入談話或命題,他發現「沒有相同於引進殊相所須的條件」❽。我們引進一共相於談話或命題中,並不須要預設我們對該共相有辨識性知識,亦即不須要預設對該共相有一真的經驗命題,因為殊相之引進,要符合獨一性及存在性之要求❾,而共相之引進則不必。例如在命題「孔子是聖人」,有兩個元目被引進,即「孔子」及「聖人」。「孔子」識別出一個獨特的個人,但此必須預設我們對孔子最少知道一個辨識性知識,否則談話雙方或某一方會不知「孔子」一詞何所指。另一辭項「聖人」,引進共相聖人,此共相之能成功地

---

❻　"Identifying Reference and Truth Values" in *Logico Linguistic Papers*, p. 77-79。

❼　此即史陶生所謂「知識假定」及「無知假定」之意;參考第二章第三節。

❽　《個體》,頁183。

❾　參見第二章第三節。

被引進，我們不必對聖人有辨識性知識，只要我們對「聖人」這名詞的意義有所了解便可；換言之，共相之被引入談話中，只要求對談雙方對該共相名詞的意義有知悉，這是語言知識問題，不是經驗事實的知識問題。

以上是史陶生所指出引進殊相和引進共相各有不同的條件。依據此分析，史陶生對殊相和共相下一個準定義 (quasi-definition)，如下：

一東西之為一普遍東西〔按：即共相〕，其一必要條件是：它可以被一單稱的實質表式 (substantival expression) 所指謂，而該表式的獨一指涉，完全是由構成該表式的文字意義來決定；又，一東西之為一個別東西〔按：即殊相〕，其一必要條件是：它不可以被一單稱的、且其獨一指涉完全由其文字意義來決定的實體表式所指謂。❿

依此定義，共相與殊相的差別，關鍵就在「可以」與「不可以」：如果某元目是共相，則僅就語言的意義便足以指謂它；否則，它便是殊相。

---

❿ Strawson, "Particular and General," in *Logico-Linguistic Papers*, p. 49. 又，所謂實體表式，即實體名詞(substantive noun)或實體片語(substantive phrase)，它有確實的元目為其意義所指涉，例如「人」、「張三」等；而"nobody"及"nothing"等，則是虛名詞。

第二節　共相的類型和功能

史陶生主要談及三類型的共相，即料別共相、質別共相和類別共相，但這並非說共相只有此三類型，此外亦有類型共相(type universals)，即「類型」本身亦是一種共相。在前三者共相中，類別共相和質別共相與他的知識論和邏輯有本質上的關聯，故他在談及共相時，大都以類別和質別共相為主。

我們先論述料別共相，因為它們是一類非常特殊的共相。料別共相不是「類」、也不是「性質」，而是指我們一般的所謂質料(materials)，例如煤、果醬、金、水、雪、羊毛等這類型的東西，英文文法中有所謂質料名詞 (material nouns) 或集合名詞 (collective nouns)，即是此類共相的語言表式的文法類型。但料別共相不限於上述那些質料的東西，那只是典型的料別(features)。

史陶生更認為，當我們說「這裏有狗」或「那邊有人」等這類的語句時，其中所使用的「人」字或「狗」字，亦是指謂料別共相，即人之料(man-feature)或狗之料(dog-feature)；同理，當我們說「這裏有樹」，其中「樹」字也是指樹之料。史陶生稱這類語句為「料別安立述句(feature-placing statement)」，它的功能，就是顯示料別共相在時空位置上的呈現，而在此種述句中出現的共相名辭，一定是指謂料別共相。依此類推，我們有甚多的料別共相，例如我們可以，而且事實上常說「打雷了!」、「下雨了!」、「有蚊子!」、「這兒有水果」、「那兒有蛇」等等的料別安立述句，其中「雷」、「雨」、「蚊子」、「水果」、「蛇」等，皆是料別，但必須

注意到，上舉的「人」、「狗」、「蚊子」、「蛇」等等的名詞，如果不是用在料別安立述句中時，它們就不是指謂料別共相，而是指謂類別共相，即人之類、狗之類、蚊子之類等等。

史陶生這個料別共相的理論，十分特殊，但亦並非前無古人。邏輯家約翰生(W. E. Johnson)也談及過這類「東西」，史陶生所稱的料別共相，約翰生視為是「與料的呈現 (presentation of datum)」；而史陶生所謂的料別安立述句，在約翰生的邏輯中稱為原始命題 (primitive proposition) ⓫。不過，約翰生對這類共相和命題的解說，完全是心理的 (psychological)，他認為此是個人心智發展在早期階段所運作的思考方式 ⓬；而史陶生的解說，是邏輯的，他認為料別共相或料別安立述句，是我們主謂式命題的預設(presupposition) ⓭，亦是我們思維到殊相之前的前置思維 ⓮。粗略言之，料別共相和料別安立述句，是我們在構成嚴謹的主謂式命題之前的思維方式。

史陶生的料別共相理論，是否可以成立，實有疑問。首先，所謂料別共相，難於與類別共相分辨開來，換言之，料別與類別有否真正的差異，是極成問題的，史陶生指出金、水、雪等東西是料別共相，但我們亦並非沒有理由說這些東西是成一「類」，若如此，則所謂料別共相之類型區分，是不必要，最低限度，是不確定的。皮雅士(Pears)對此便提出質疑 ⓯；其次，史陶生自己也

⓫　見W. E. Johnson, *Logic*, Part I, pp. 15-20.

⓬　同上，頁18。

⓭　史陶生，《個體》，頁203。

⓮　同上，頁206。

承認，此理論有「玄思和不確定的性格」**⑯**，若有此性格，則此理論不可接受，因為史陶生所承諾的形上學，是描述的形上學，不是修正或玄思的形上學，故任何非描述性的論述，都不被容許於其體系中，事實上，史陶生的哲學邏輯和知識論，也並不直接與料別共相理論有關。

類別共相能統攝多個殊相而成一類，故類別共相的名字，是一個類名，例如「人」、「動物」、「交通工具」、「日用品」、「紡織品」等皆是類別共相的名字；而在電話簿、在職業上、在生物學上、在化學等方面所作的分類，通統都使用類別共相的名字。質別共相是能刻劃出一個（或多個）殊相的某些性質或品質，故質別共相的名字，就是性質或品質的名字，例如「可燃性」、「堅硬」、「流動」、「智慧」、「正直」等，皆是質別共相的名字。

類別共相和質別共相本身包含、或本身即是群集原理(principle of grouping or collecting)，料別共相沒有這種功能。史陶生用「群合(grouping)」和「集合(collecting)」二詞語，我們用「群集」來統稱之。但不管那一個詞語，意思都一樣。所謂群集，就是收納多個其他項目（殊相或共相）於其名下，被群集的項目，就是同類的、或同質的份子。例如「戰役」是一類別共相，在「戰役」之名下，就群集了淝水之役、甲午之役、長沙之役、列寧格勒之役、諾曼第之役等的殊相。又例如「孝行」是一質別共相，在其名下，就群集了如二十四孝等等的個別殊相。

---

⑮　見 D. F. Pears, "A Critical Study of Strawson's," *Individuals*, Part II, *Philosophical Quarterly* XI (1961)：pp. 262-277.

⑯　《個體》，頁209。

　　類別共相與質別共相皆同有群集其他殊相的功能，但類別之為類別、質別之為質別，其重要的差異，就在其群集殊相時各自要遵守的法則有所不同。就類別共相言，它群集殊相所遵守的特別法則是：被群集的殊相，「彼此間要有一通遍的，或種類上的相似性」❼。例如「中國畫家」一共相，可以群集范寬、董源、馬遠、八大山人、石濤等多個殊相，因為他們間有一種通遍各殊相的相似性，且此相似性是包涵於「中國畫家」定義中的。必須注意，在上列各殊相間的類別相似性，不必只有一種，例如他們都是男性，但這相似性卻非包涵於「中國畫家」的定義中，故他們之同為男性，不是使他們被群集於「中國畫家」這共相的根據。對照地說，米開朗基羅這殊相，便不能被「中國畫家」所群集，因為他沒有那相干的、定義中的相似性。

　　又就質別共相言，其群集的特別法則是：「在同一時間或在不同時間被群集的殊相，其間須有某些特質上的相似性」❽。例如「智慧」是一質別共相，它可以群集孔子、蘇格拉底、釋迦牟尼等個別殊相，因為他們雖在不同時間，但皆有其特質上的相似性，而惠施或普羅特哥拉斯（Protagoras），則不能被群集於智慧共相之名下，除非修改「智慧」的定義。

第三節　共相與殊相的繫結(Tie)

　　上文論述共相（類別和質別共相）群集多個殊相。所言「群

---

❼　同上，頁169。
❽　同上，頁170。

集」，是一個高度比喻性的用語，對共相之如何「群集」殊相，史陶生有一邏輯的解析。

類別共相或質別共相之群集殊相，除各有其特別法則外，亦要依循一共同法則，此即「〔共相〕辭項可以群集所有殊相，但共相辭項與各殊相稱謂之結合，要能產生真述句」❶。這法則亦可這樣說：「〔一個共相辭項〕可以群集其他辭項，但當它與任一辭項定言地繫結之後，其結果不僅是產生一個有意義的，且要是真的命題」❷。共相群集殊相的方式，是共相與個別殊相的組合，稱為定言繫結(assertive tie)，亦稱命題繫結(propositional tie)。所謂定言繫結，就如上述那共同法則所言，即共相與殊相之結合要形成一有意義的真命題。換言之，定言繫結要符合三個條件，即㈠共相與殊相之結合，要形成一命題；㈡它是有意義的；且㈢它是真的。

今舉例說明如下。「戰爭」是一共相，「淝水之役」是一殊相，二者之結合，我們可得「淝水之役是戰爭」。今此述句是一命題，因為它符合了命題的邏輯和文法規則，它是有意義的，且是真的，因此，「戰爭」共相與「淝水之役」的連結，是一定言繫結。但如果我們說「淝水之役果是戰爭乎!?」，則不是一定言繫結，因為此語句不表示一命題，只是一感歎與疑惑的表示。語句「這張桌子是戰爭」表示一命題，也是有意義的，但卻是假的，故此亦不是定言繫結。又假如有一語句說，「那隻戴眼鏡的鬼魂是戰爭」，

---

❶　Strawson, "Singular Terms and Predication," in *Logico- Linguistic Papers*, p. 68.

❷　《個體》，頁167。

它具有命題的模樣，但卻是無意義的，因為沒有一個殊相相應於那特稱表式「那隻戴眼鏡的鬼魂」，而縱使有一隻這樣的鬼魂，該命題也是假的，因為它不可能「是」戰爭共相的類份子之一。總而言之，所謂共相與殊相的繫結，其要點就在是否產生一有意義的真命題。當然，要成為一個命題，自要符合若干邏輯的格式，基本的是主謂式，也要符合語文文法的要求等等。

　　相應於兩類型的共相，便有兩類型的繫結，即類別繫結(sortal tie)和質別繫結(characterizing tie)。今假定有一殊相X，一共相Y。二者繫結之後，便有一命題「X是Y」。 如果Y是類別共相，那X與 Y 的繫結便是類別繫結，此時，「X 是 Y」一命題的解釋是：「X是Y的一實例」 **㉑**。如上文所舉的「淝水之役是戰爭」一命題，其解釋便是說：淝水之役是戰爭的一實例。同理，命題「莫奈(Monet)是畫家」，是一殊相（莫奈）與一類別共相（畫家）定言地繫結而生的命題，故其解釋便是：莫奈是畫家的一實例。餘類推。

　　但如果 Y 是質別共相，則 X 與 Y 的繫結是質別繫結，此時「X是Y」一命題的解釋是：「X有特性Y」 **㉒**。例如在「蘇格拉底是有智慧的」一命題，「智慧」是質別共相，而與「蘇格拉底」繫結，故此命題的解釋是：蘇格拉底有智慧之特性。

　　顯然，一個共相，不管其是類別或質別，都可以與多個殊相

㉑　同上，頁169。

㉒　同上，頁170。英文是"x is characterized by y"。若依英文結構來翻譯，則會變成「X 是被 Y 特性了」這樣的中文句子，但這顯然是不通達的中文。

繫結，此時，便即所謂共相群集殊相。然而，同一個殊相也可以分別繫結於多個不同的共相，例如「蘇格拉底」可以繫結於「智慧」、「哲學家」、「希臘人」等共相，故我們亦可說，「蘇格拉底」群集了多個共相。總括地說，群集或繫結，從共相方面說也可、從殊相方面說也可；「繫結」是一個繫結於另一個，「群集」是一個繫結於多個；而最基本、最典範的繫結，是一個殊相與一個共相的繫結。

第四節　共相的系統

所謂系統，是指說任何一份子皆與其他份子有關係，藉著這些關係，該份子在系統中即有一地位（位置），而終極地依憑其位置，該份子才能被辨識❷。殊相構成一時空系統，即每一殊相皆與其他殊相有時空關係。共相也構成一系統，但不是時空的，而是邏輯的，即每一共相與其他共相皆有邏輯關係。換言之，此系統亦即是由各共相的邏輯關係構成。

共相間的邏輯關係，基本上有兩種，此即排斥關係 (exclusiveness)，亦稱不相容關係 (incompatibility)，和涵攝關係 (involvement)。

對於排斥關係，史陶生說：

> 對每一隸屬於某個體的普遍事物而言，都有另一或另一範圍的普遍事物，就其要隸屬於同一個體時，是與該原來的

---

❷　見第二章第三節。

普遍事物不相容的❷。

他的意思是：如果某個體已經擁有某共相，則一定有其他一些或一個共相，該個體不能同時擁有。例如說，「這個人是有生命的」，其中「生命」是一共相，它與「這個人」繫結而隸屬於這個人。此時，我們必可找到另一共相，例如「死亡」，它不能同時亦隸屬於該個人；「生命」與「死亡」是互不相容的。換言之，史陶生認為任何一共相，都有與之不相容的另一個或一些共相。

　　但必須強調一點，即所稱共相與共相之不相容，並不是就它們本身而說，而是就它們要同時落在同一個體上，才言其不相容性；生命與死亡本身並非不相容，而只有常它們二者要同時隸屬於同一個體時，才互相排斥。因此，我們可以說「張三過去是有生命的」，而同時也可以說「張三現在已經死亡了」，這兩個命題並不互相排斥，因為共相「生命」和共相「死亡」是在不同時間繫結於張三，故「生命」與「死亡」不是不相容。再者，若兩個共相分別隸屬（繫結）於不同殊相，則二者亦無排斥性，例如「張三現在是生的，而李四現在是死的」這結合命題 (conjunction)，是可以成立的。但如果我們說「張三此時是生的又是死的」，則是不可能（除非我們是以莊子式的詭辭而說），因為此時「生命」與「死亡」便顯其不相容性❷。

　　對於涵攝關係，史陶生有如下一段曲折艱澀的陳說：

---

❷　Strawson, "The Asymmetry of Subjects and Predicates," in *Logico-Linguistic Papers*, p. 102.

❷　以上之解說，是吾人所給予，非史陶生所給予之例。

〔任何普遍事物都是如此的〕，即，當它隸屬於某個別殊相，都另有一個或一些普遍事物，其隸屬於同一殊相將是它〔按：指原屬之普遍者〕隸屬於該殊相的充份〔條件〕；或，另有一個或一些普遍事物，其隸屬於同一殊相將是它隸屬於該殊相的必要〔條件〕。**㉖**

我們舉例來加以說明。今有隸屬於某一殊相P的共相Y，我們都可找到另一共相X，它之隸屬於同一殊相P，乃是該共相Y之隸屬於殊相P的充份條件。例如說，有「顏色」此共相，使它隸屬於「這枝筆」此殊相。若如此，則我們當可找到另一共相X，例如說「紅色」；此紅色之隸屬於這枝筆，便是顏色之隸屬於這筆的充份條件。簡言之，若我們有一命題說「這枝筆是有顏色的」，則其成立的充份條件便是另一命題「這枝筆是紅色的」：此筆之為紅色，是此筆之為有顏色的充份條件。

此外，對於隸屬於殊相 P 的共相 X，我們亦可找到另一共相 Y，它之隸屬於殊相P，乃是共相X之隸屬於殊相P的必要條件。例如，共相「紅色」隸屬於殊相「這枝筆」，則我們便可有共相「顏色」Y，其隸屬於「這枝筆」是紅色之隸屬於這枝筆的必要條件。換言之，命題「這枝筆是有顏色的」乃是命題「這枝筆是紅色的」之必要條件：此筆之為有顏色，是此筆之為紅色的必要條件。

共相的涵攝關係，相應於邏輯中的含蘊(implication)關係，此在邏輯中用「如果…則」的形式表達，故我們亦可用此形式，以表達共相間的涵攝關係。今設有共相X、共相Y、和殊相P，就繫

㉖ 同㉔。

結於殊相P而言，共相X與共相Y的涵攝關係是這樣：如果「P是X」，則「P是Y」。這樣，就很明顯，「P是X」是「P是Y」的充份條件；而「P是Y」則是「P是X」的必要條件。簡言之，對殊相P而言，X是Y的充份條件，而Y是X的必要條件，這便是共相X與共相Y之間的涵攝關係。

　　共相除了有上述兩種關係（排斥和涵攝）以外，亦另有一種隸屬關係(subordination)，此關係存在於同一的共相類型之內，跨類型則無此關係。質言之，在類別共相和質別共相各自的類型內，有層次高低的等級。所謂層次的高低，是依其包含性(comprehensiveness)的廣狹而定；包含性愈廣的，層次愈高，反之則愈低。例如生物此類別共相，包含動物和植物兩共相；生物這共相是較高層次，而動物和植物二共相，是屬同一層次，但是較低的。又例如品德此質別共相，它包含忠、信、仁、愛、孝、慈等其他共相，故層次是較高的，而忠、信、仁、愛等共相，則屬同一層次，但較品德所屬的層次為低，依此類推，類別共相和質別共相，都分別自成一科層秩序(hierarchical order)，由最低的層次上昇至較高的層次。

　　共相的邏輯關係和科層秩序，界定了共相的系統，也為史陶生關於主謂式命題的說明，奠下了一部份的形上基礎。

第四章　史陶生的知識論

第一節　史陶生對康德的承襲(Kantian Legacy)

　　要論述或要了解史陶生的知識論,就不得不把康德牽涉進來,因為在很大程度上,史陶生的知識論是以康德的若干立論為始點。但我們所稱始點,有幾重意義。首先,史陶生在知識論方面所注意到的論題(topics),大部份是從康德那裏引出的;再者,他知識論的基本論點,是順承康德再加以解釋而成的;最後,他有些論點,是在反對、批駁康德而顯現的。因此,我們如果要說史陶生有一套知識論,則這套知識論是部份正面地、部份反面地以康德為背景。但以上所言,並不表示史陶生知識論無獨到之處。事實上,沒有一個哲學家的見解全部都是自己的;他總有傳承,也可以有開新。

　　史陶生對於知識問題的探討,散見於幾篇論文,例如〈想像力與知覺〉、〈知覺的原因性〉、〈知覺與辨認〉等。但最主要的,乃是其《意義的範圍》,此書是根據他在牛津講授康德《純粹理性

批判》的講義彙編而成。他對《純粹理性批判》的主要論點，有
很精要的陳述和分析，但也有很尖銳，有時甚至是不中肯的批評。
不過，無論史陶生對康德的解釋和批評是否恰當，我們在此都暫
不表示意見、不作議論。

　　史陶生順承康德而加以闡釋者，有如下各要點：㈠在探討知
識的問題上，史陶生依循了康德的探討方向，即要尋求經驗（知
識）之所以可能的「基礎結構」，此在康德稱之為「超越根據」，
但史陶生不喜歡使用這些名詞；㈡史陶生同意康德，謂任何經驗
知識，都必須預設並規限於一個涵蓋的、統一的時空體系，這個
思想，是康德在「超越感性論」中對時空的形而上解析
(metaphysical exposition)所建立的；㈢他也接受了康德的一個主
要觀點，即在經驗知識的構成上，直覺和概念是兩個必要成素；
不過，史陶生也不喜歡用「直覺」這名詞，而用「殊相」、「個別
物項」、「個例(particular instances)」等名詞。最後，㈣他也依康
德的想法，謂在知識結構中，必須是直覺之被綜合統攝於 (sub-
summed under) 概念之下；而史陶生理解為是個別物項之被類別
於或被質別於某一概念之下。以上是史陶生繼承康德的主要地方；
而史陶生知識論的要點，亦已有一個大體的輪廓。

　　然而，我們必須留意到，作任何比較時我們所看到的相似性，
可能只是外觀的，而差異才是實質。上列史陶生的見解看來十分
相似於康德，但當我們考察其相異處之後，有些看來是相近的，
實質上會是南轅北轍。

　　史陶生對康德有很多批評。康德的時空的超越解析
(transcendental exposition)、範疇的形而上推述(the metaphysical

deduction of categories)、 範疇的超越推述(the transcendental
deduction of categories)等等，史陶生對之都有尖銳的批評，他甚
至說：「康德實際上對先驗綜合〔命題〕完全沒有清楚和普遍的概
念」❶，這就足夠顯示史陶生對康德的批評是如何的不客氣，因
為《純粹理性批判》的核心工作，正是要說明先驗綜合如何可能，
如果說康德對先驗綜合沒有清楚普遍的概念，也無異說整個《批
判》都出問題了。

　　但對史陶生而言，康德理論中最不可接受的，是其超越觀念
論(transcendental idealism)及與此相連的現象與物自身之區分。
史陶生認為，超越觀念論應被取消或棄置，而相關的現象與物自
身的區分，也應有較「科學」的解釋，史陶生對這二個理論的批
評，正是反顯他自己的觀點。他認為，物體或外物，是真真正正
獨立於我們心靈以外的客觀物體，它們並非是不可知的，因它們
正是我們產生知覺(perceptions)的原因；再者，時空形式不是我
們的感性形式，而是物體的個體形式。在這幾個重要論點上，史
陶生一一與康德相對。

第二節　知識的基本模式(Fundamental Mode)

　　所謂基本模式，是指最簡單、最元始的結構方式。就知識而
言，此便是指判斷(命題)的最簡單、最元始的結構方式。在這個
論題上，史陶生緊隨康德而立說。

---

❶　《意義的範圍》，頁43。

　前已述及史陶生的「三相對偶說」❷，亦已詳細論述此一對偶的存有論面相——殊相與共相之對偶。然所謂殊相與共相，其在知識論方面的意義又如何界定？如果用康德的語言來說，這便是直覺與概念，即殊相是指經驗直覺，而共相則是概念。這樣的對應配置，從一方面看，是史陶生對康德的解釋；從另一方面看，也可說是史陶生應用康德的直覺與概念來解釋他自己的殊相與共相的一對存有概念。

　然而，對所謂直覺與概念，史陶生有他自己特別的解釋，故亦可說是他的理論。史陶生說：

> 直覺與概念的對偶，其實只是個別事例 (particular instance)與普遍類型之對偶在知識論方面的面相。〔此一對偶〕，就正是「在經驗中遇上的個別事例而被辨識為是某普遍類型的事例」之思想❸。

康德所謂直覺，史陶生解釋為是「經驗中的個別事例」，概念則相同於「普遍類型」。

　知識的構成，在於我們能辨識出經驗中之個別事例是什麼類型或具有什麼性質，此所謂普遍類型或普遍性質，亦即普遍概念 (general concept)。換另一方式來說，一個知識之構成，是我們的普遍概念能在經驗中得到具體實例以為其例證 (exemplification)。例如我們有一普遍概念「樹」，又在經驗中出現一具體事例，假定

---

❷　本書第一章第六節。

❸　《意義的範圍》，頁48。

我們無以名之，僅能辨指它為「這棵」，此時，我們對它便是沒有知識，也正是我們說「不知它是什麼」的時候。但當我們能把它辨識出是「樹」，亦即能把「它」納入一個普遍概念之下，我們便構成一個知識，謂「這是一棵樹」。

依此，知識的構成，首要有兩種成素，即經驗事例和普遍概念，且二者要能結合起來，以使經驗事例是「某概念在經驗中的實例」，這樣，才能構成一判斷、一個知識。史陶生在他較後期的著作《在邏輯與文法中的主辭和謂辭》，重申這個看法，且指明是來自康德。他說：

> 〔康德〕也了解到，那些進入我們基本的（或說沒有那麼理論化的）信仰、進入我們基本的判斷底概念，正是那些切近地、當下地進入我們對世界的普通經驗底概念。它們是我們所經驗到此世界為其例證者、是我們所見到東西及情況而視為其個案者。❹

依康德，一個判斷（即一個知識）就是把直覺雜多納入概念的行動；依史陶生而言，一個判斷就在我們能辨識出經驗事例之為某概念的實例。用語不同，但意義相當。

史陶生同意康德的說法，謂：無直覺的概念，是空洞的；無概念的直覺，則是盲目的。此即是說，二者若分離，知識便不可能。史陶生十分強調二者的相輔相成，他指出：「任何個別事物如果要進入我們的知覺經驗中，我們都必須有能力把它作某種分類，

---

❹　《邏輯與文法的主辭和謂辭》，頁14。

或有能力辨識出它之具有某些普遍特性」**⑤**；換言之，我們必須能把這個別事物納入概念之下，否則，它將不成為我們知覺經驗中的知識成份。從另一角度看，道理也是一樣，即是說「要使經驗知識成為可能，我們必要有普遍概念……而如果這些〔概念〕能力要有所應用的話，則它們的個別實例一定要在經驗中遇合」**⑥**；換言之，知識須要概念，而概念要在經驗中得到實證，否則，此概念亦不成為知識的一部份。

　　總結而言，知識的基本模式，就是經驗事例與概念的相互結合，而所謂結合，就是經驗事例「例證」了概念，此亦即是概念得到經驗的實證（實例）。在此模式中，同時亦包含了構成知識的兩種成素，缺一不可。此知識的基本模式，事實上在史陶生的形上學已奠定，此即殊相與共相定言繫結的模式，不過，一者是從知識論方面言，一者是從形上學方面言，二者是同實異名而已。

第三節　知識對象的時空性

　　知識的對象，便是在經驗中發生的個別事物而為概念所統攝者，此是由上一節而得的定義。今把它從與概念的連結中抽離，而孤立地研究其本身特性，則史陶生指出，時間性和空間性就是一切個別事物之所以為「個別」事物的充份又必要的條件，因此，所謂經驗中的個別事物，基本上便是時空性的元目。

　　這個立論，與他在形上學對殊相之時空性格的見解，並無實

---

⑤　《意義的範圍》，頁20。

⑥　同上。

質差別，不過，在論證上有所不同，前此是訴諸辨認的條件而證定[7]，在此，他則直接訴諸實際的經驗事實。史陶生說：

> 明顯的，任何實際出現的概念底個別事例，必定實際出現於某時，而任何實際可發見其個別事例者，必定實際發見於某處[8]。

簡言之，個別事物之出現於經驗中，必定出現於某時某處；它們的類別或性質固有所不同，它們發生的時間和地點更是不同，但它們之有一定時間或有一定地點，是事實地必然的。

　　經驗事物必有其時空定位，而任何一個時空定位，都是唯一而獨特的，即在時間中，不可能有兩個同時的剎那，在空間中，亦不可能有兩個相同的位置。因為「兩個同時的剎那」與「兩個相同的位置」，不僅在概念上自相矛盾，在實際知覺中也不可能呈現，康德在「超越的感性論」已有很好的證立。史陶生亦有效地運用此時空的特性，證立了殊相辨認之所以可能底根據，也證立了殊相存有的時空系統性[9]，今在知識論方面，他就用知識論的語言，陳述經驗及經驗元目的時空性格。

　　首先是個別化原理。他說：「時空位置對同一普遍類型底個別單元之區分，提供了基本的根據」[10]，更確切地說，「殊相〔即

---

[7]　見本書第二章第三節。

[8]　《意義的範圍》，頁48-49。

[9]　見本書第二章第二及三節。

[10]　《意義的範圍》，頁49。

個別事物〕究極地是依其時空差異而辨別」**⑪**。個物之為個物，並不是在其性質或類型上分辨，因為性質或類型相同的，可以有多個實例，但我們之能夠分辨出多「個」，也許有種種方式，但最普遍、最根本的準則，是時空位置。今設使我們把個物的性質或類型除去，也把其他偶然的判別方式除去，則餘下來的，便只是該個物的時空位置——它在此時此地出現，此便是該個物的最基本形式，史陶生稱之為「個別性形式(forms of particularity)」**⑫**；個別之成為個別，即在於其時空的形式。

其次是經驗事物的時空統一性(unity)。所謂時空統一性，我們前已有闡述**⑬**，其含義是：㈠時空只有一個，即不可能有兩個空間體系，不可能有兩條時間之「流」；㈡時空是涵蓋性的，即任何經驗的元目，如果它真是可以經驗到的元目，它必然發生於時空體系之內，因而，它本身必然有時空形式，且與其他元目必然有時空關係。上述含義，濃縮起來予以陳述，便是如史陶生所言：「我們有一單一時空系統的概念；此系統包含每一發生的事物和每一具體存在的東西」**⑭**。我們所經驗到的世界，必然是有時空特性的世界；而知識的對象，也必然是有時空特性的事物。這是康德已達致的結論，而史陶生再予闡發和支持。

照以上所言，史陶生關於知識對象的時空特性底理論，似乎與康德別無不同，但這可只是表面；在一個重要的論點上，史陶

---

⑪　《邏輯與文法的主辭和謂辭》，頁17。

⑫　《意義的範圍》，頁53。

⑬　本書第二章第二節。

⑭　《意義的範圍》，頁64。

生走上另一條知識論的道路。詳見下節。

第四節　客觀實在論(Objective Realism)

「客觀實在論」之名，是我們對史陶生幾個關於知識性質的立論而作，同時亦用以凸顯其主張與康德超越觀念論的對立。何謂「客觀實在論」，下文將有解釋，今先簡述超越觀念論。

康德的超越觀念論有如下要旨：一切知識（或經驗）對象，就其感性成素(sensible elements)方面言，是感覺(sensations)和時間空間的綜合，而時間空間是我們感性能力底直覺的形式，它們不是對象「本身」的形式，而其「本身」也不是事物。換言之，時空只是感性能力接收經驗與料的模式 (modes)；離開了感性能力、離開了經驗與料，時間空間根本是烏有(nothing)。這是康德「超越感性論」最重要的立論。由此，便產生下述的含義：一切知識(經驗)的對象，即一切為我們所(能)知的所謂「外物」及自覺而知的所謂「自我」，分析下來，無非都是我們心靈的表象(representations)，因為做為經驗對象的「外物」和「自我」，必須符合心靈表象的種種條件，而此等條件，包括質料(即感覺)、時空形式、及範疇與統覺的綜合統一，一皆是心靈所包含者，因此，在知覺經驗中呈現為一「物」（對象）的「東西」，其構成的成素，無一不是吾人心靈的表象；直言之，所謂一「物」（對象），乃即是雜多表象的綜合體(unity)，此便構成經驗對象，康德稱之為法定象 (phenomena)。在心靈表象以「外」或說現象界、經驗界以

「外」，是否仍有「東西」與我們所經驗到的現象相應或相關？又假如是有，則這些「東西」是為如何？康德對這些問題的答覆是：這不是我們認知能力所能答覆的問題。換言之，縱使是有這些「東西」的話，就是「物之在其自己」，即「物自身」(thing-in-itself)，我們對之不可能有知識，除非我們有另一種非感觸的直覺能力❺。

以上對超越觀念論的闡述，固是十分粗簡，也有很多疏漏，但卻是不得不如此，因為要詳述康德的理論，實非另有專文或專書不可，而我們在此所關注的重點，是史陶生的立論，他的「客觀實在論」有下列要點。

首先關於時間和空間的性質問題。史陶生把時空看成是「個別性形式」❻，而「個別性形式」，可以依康德來作解釋，但這就即是所謂主體性的看法，史陶生極不同意；也可以有另一解釋，此即：「非邏輯地或作為原因而使我們知覺到其存在的個別單元，就正是我們加諸普遍概念於其上的那些已有空間和時間秩序的單元」❼。我們必須小心解讀史陶生的用辭，要注意到「已有空間和時間秩序的單元」一語。他是暗示說，時間和空間是屬於對象的；在我們知覺到它們之前，它們本身就已有空間和時間秩序；其含意是：時空不是屬於認知主體，而是屬於那些使我們產生知覺的客體的。

---

❺ 關於超越觀念論的細節，參考康德，《純粹理性批判》，B44; B52及A369等。

❻ 《意義的範圍》，頁52及53。

❼ 同上，頁53。

史陶生批評康德物自身與現象的區分，這樣說：

> 如果那些「影響我們的東西」被認為是在空間和時間中出
> 現的，則我們能夠了解〔那康德的學說〕。但如果我們硬要
> 認定空間和時間只是我們自己接受對象某種影響的能力或
> 性向，那些對象本身不在時空中，且時空本身亦是烏有，
> 則我們再不能了解那學說。❸

上項引文有很多含義，但我們要注意到的，就是史陶生「不能了
解」那康德的以時空為感性形式的學說，意思是反對這種說法；
而他「能夠了解」的，是那以時空為屬於對象本身的學說，此亦
即他的主張。

　　史陶生在時空性質的問題上，力圖擺脫他所認為康德的時空
主體主義(subjectivism)，改而採取客觀主義的立場。客觀主義認
為時空不是認知主體的知覺模式(如康德所言)，也不是二種絕對
地獨立自存的「東西」(如牛頓所言)，亦不是單子（心靈）知覺
中的關係（如萊布尼茲所言），而是被知對象（客體）本身所具有
的二種性質──這就是洛克的主張，也正是所謂的初性 (primary
qualities)。在時空問題上，史陶生不走康德的路，改走洛克的路。

　　洛克式的實在論，固不止於時空的客觀性主張，且必然地關
聯到知識的客觀性和被知對象之性質等問題。今時空既被視為是
對象本身的屬性，則我們所知的「對象」，就必有其獨立於心靈以
外的存在，而不能一體地都是心靈表象的總合，因為至少它的形

---

❸　同上，頁41。

狀、位置（空間性）、和呈現時刻（時間性），是在吾人認知主體以外的。再者，這些屬於外物的時空性質既已為我們所知，則我們便有「客觀」知識——即對那獨立於主體以外的事物底知識；所謂「客觀」知識，意思是我們所得的知識，符合於外物本身的性質，這便是知識的對應說(Theory of Correspondence)。不過，洛克也注意到，在我們對外物性質的認識中，有些並不如實地反映外物本身的屬性，而只是外物對我們認知能力產生影響而起現的感覺，例如冷、熱、甜、酸等，稱之為次性(secondary qualities)。歸結而言，洛克認為被知的對象，乃實存於吾人心靈以外，且我們對它能有某種客觀的知識，但也有部份知識全是依存於我們的感覺和能力的。

以上所陳洛克的實在論觀點，即是史陶生所接受和採取的觀點。他說：

> 我們知道所謂「對象之如實自身」是什麼意思。它們就是那些被認為只具有如物理理論所賦予之性質的對象……即被認為是真實具有那些（初）性的。這些性質，對有不同感官和神經官能的存有，便使對象呈現為不同，而在表面上看來，對象所具有的那些(次)性，並不是對象所真正所有，〔因為〕那只是初性對神經或感覺官能所生的效應而已**❶⑨**。

史陶生這段話，不用多作解釋，因為這是毫不含糊的「洛克式語

---

⑲ 同上，頁40。

言」，且事實上，史陶生亦有更確切明白的說明，如下：

> 實如自身的事物，並不是在時空的指涉構架以外，但它們
> 並非如我們所見的那樣，然卻正是如科學所言的一樣❷。

洛克所說的「初性」，史陶生以科學所描述的性質來解釋。我們見
到天空是「藍色」的，這不是天空的真如實相，但當科學家說，
大氣分子折射某某波長的陽光，就是事物的如實自身，即是其初
性。至於說，「物體是否獨立存在於我們知覺以外？」，史陶生的答
覆，也是明確的，就是「從我們依據經驗而必須採取的觀點來說，
答案又一定是，『是的』」❷。

　　史陶生的客觀實在論，歸納起來，有如下二要點：㈠時空是
外物本身的屬性；㈡外物是獨立存在於認知主體以外；㈡外物的
如實自身，可以被知(根據科學而被知)。

　　史陶生的立論，固來自洛克，但我們也不能說他全部就是洛
克，因為至少史陶生仍談及時空的系統性，又以「科學描述」來解
釋洛克的「初性」觀念，亦沒有採納洛克的「支托者(sub-stratum)」
觀念；他對洛克的繼承，是有「因革損益」的。

　　站在客觀實在論的立場，史陶生自然要反對康德的超越觀念
論，因為二者有很多明顯的對立：就認知主體與被知對象的關係
言，史陶生認為對象獨立自存於主體知覺範圍以外，但可以影響
主體；康德則認為，在知覺及感性形式範圍以外的「東西」，實不

---

❷　同上，頁252。
❷　同上，頁260。

可能成為「被知對象」，因為對象之成為我所知的對象，就必然要在我的統覺統攝之中（這是康德在範疇之超越推述底結論）。就事物之如實相問題言，史陶生認為事物之如實相，有些是可以為我們所知，此即初性；但康德認為，物之在其自己（即物自身）乃是全不可知的。最後，但也是最重要的，便是史陶生關於時空性質的看法與康德的看法的對立，這是其他對立的根本源頭。

第五節　知覺因果論(Causal Theory of Perception)與物自身

知覺是指感官知覺(sensory perceptions)，其職司器官，就是眼、耳、鼻、舌、身；各器官的官能，就是視覺、聽覺、味覺、嗅覺、和觸覺。我們藉著這些官能，獲得了經驗世界的種種資訊，如形狀、顏色、酸甜、香臭、冷熱、軟硬、明暗等，這便構成了知覺的內容，也稱為感覺與料(sense-datum)，洛克稱之為次性。

心理學家對知覺已有很多研究，但哲學家自希臘額克利圖斯(Heraclitus)始，已對知覺的性質、歷程、和原因等，早有很多探討。雖然科學已答覆了不少問題，但哲學對「知覺」仍有討論的餘地，特別在知識論中，仍有甚多與「知覺」有關的理論，例如代表實在論 (representative realism)、素樸實在論 (naive realism)、感覺與料論(sense-datum theory)、現象論(phenomenalism)、副現象論 (epi-phenomenalism)、知覺因果論 (causal theory of perception)、及觀念論(idealism)等等。哲學家所討論的問題，最主要的是：知覺與實在(reality)有何、或有多少關係？知覺所提供的

資訊(知識)，是否能反映外物的真相？或有多大程度能反映？這些問題，關係到經驗知識的來源、性質、可靠程度、真／假判準等知識論問題。不管是經驗主義或理性主義，實在論或觀念論，都必須處理有關知覺的種種問題；史陶生自亦不例外。

　　史陶生所持的觀點，是知覺因果論。其核心主張有下列兩點：㈠知覺之產生，必預設有外物以為其原因（幻覺除外）；㈡知覺的內容，並不代表或顯現外在事物本身的性質。這兩點主張互有關聯，但並非互相涵蘊，故分別闡述如後。

　　第一點主張以外物為知覺的原因，是史陶生客觀實在論所必要採取的，因為客觀實在論既已肯定物體為獨立於認知主體以外，又認為物體之某些屬性可以為我們所知，則外物與認知主體間必存有某種關係，以使認知主體能知道外物之存在和性質。史陶生說：

　　　　〔跟康德相反〕，一個科學心態的哲學家並不否認我們對事物自身能有經驗知識；這些事物影響我們而產生感性現象。㉒

引文中所謂「影響」(affect)，是指因果式的影響。他稍後再說：「我們的感性經驗，乃是我們自稱知覺到的對象，影響我們而造成的結果」㉓；我們的知覺，是「因果式地依賴於獨立存在的事物的」㉔。

㉒　同上，頁40。
㉓　同上，頁251。

獨立存在的事物,如何影響我們而使我們有特定的知覺,史陶生沒有進一步說明,但他也不必說明,因為這交由科學去做,更為恰當,且事實上,科學特別是神經心理學(neurological psychology)在這方面已有很大的成就。然而,科學的說明卻要預設這個哲學的前提——知覺與外物間有因果關係。但要建立這個哲學主張,史陶生則要提出論證。他在《意義的範圍》一書沒有提出論證,而在較晚的一篇文章〈知覺的原因性〉(1974),才有專門的論證。

史陶生的論證,稱得上是「專門」,也只能就其用語、造句、風格而言較為得當,在實質上,其論證是採常識的進路(common-sense approach)㉕,說起來很淺白:

> 我們的M—經驗,在正常或一般情況下,是非邏輯地即因果地依賴於相應的M—事實。要建立這一點,我們所需要做的,就是訴諸一些人所共知的事實,例如:如果某人看見一枝鉛筆拿在他眼前,則在正常情況下就是有一枝鉛筆在他眼前;而且,如果那枝鉛筆被拿開藏起來,則他就不再見到一枝鉛筆在眼前了——即,他就沒有了那M—經驗了㉖。

㉔ 同上,頁250。

㉕ 摩爾(G. E. Moore)是英國牛津派常識哲學(Common-Sense Philosophy)的泰斗;史陶生也是在牛津傳統中。

㉖ 史陶生, "Causation in Perception," in *Freedom and Resentment* (London: Methuen & Co., Ltd., 1974), p. 69.

史陶生信心十足地認為，要證明外物是我們知覺的原因，「絕對沒有必要訴諸任何專家或科學的考究」❷，憑常識（如上述）便足夠了。但在哲學的反省中，太常識化有時會使我們心有不安，因為這常識中的事情究竟道理何在?這常識反而需要進一步的說明。深一層分析，史陶生的論證其實是一個以常識為內容的歸納論證，其邏輯是這樣的：今有M—事實（鉛筆存在眼前），則有M—知覺經驗（我們看見鉛筆）；而且，若M—事實消失（鉛筆被拿走），則M—知覺經驗亦隨而消失（我們就不再看見鉛筆）。根據歸納原則，便可得出結論，謂：M—事實是M—知覺經驗底充足且必要原因，而此結論的命題，亦即同於(邏輯地等價)說：M—知覺經驗底充要原因是M—事實。我們再回到日常語言世界來說，結論就是：外在事物是令我們產生知覺經驗的原因。

　　第二點主張認為知覺內容並不代表或顯現外物本身的性質，這已有十足的科學根據和說明，實已不能稱為哲學主張而是科學常識了，因為簡單的物理學和神經科學，已描述了我們所看見的顏色、聽到的聲音、感到的軟硬等是如何產生的；設使人類感覺器官的構造有所改變，則我們所產生的知覺效應亦跟隨改變。質言之，我們所知覺到的事物的樣態，並不是事物本身的樣態，而只是人類感官機能受影響而呈現的效應。

　　不管這是哲學主張或是科學常識，它都具有重要的哲學含義。因為它似乎符合了，或說支持了一類型的知識論，包括康德、休謨、巴克萊等。他們固有很多重要的差別，但在一個較寬鬆的意

❷　同上。

義下，他們知識論都有一個類同的主張，即，我們所能夠認知的
經驗對象，就只是在我們認知能力（特指感性能力）中所呈現的
元目——不管其稱謂如何，感性直覺(康德)、印象(休謨)、或觀念
（巴克萊），一皆是感性官能的呈現；同時，對於那使我們產生知
覺經驗的「外在事物」或「原因本身」，他們都認為無法可知。在
這裏，知識的性質和範圍便有所界定，以康德的觀點來說，可知
的就是現象，那不可知的是為物自身。

　　史陶生十分了解和贊同科學對知覺經驗的解釋，因此他也認
為在知覺經驗中所呈現的事物的性質，並不是事物本身的性質（關
於這點，我們已有論述❷），而是「外物」與我們特有感官共同生
起的效應，他說：

> 事物對我們所呈現的現象，其成因是有賴乎事物本身性格
> 和我們生理結構的性格；它們〔按：現象〕是此二者的共
> 同效應❷。

所謂「共同效應」，並不意味二者平等；感官是被動者、受納者，
也是效應生起的場所。

　　若僅就知覺所及的只為現象而不是物自身這點而言，科學的
結論與康德的理論是一致的，正因為如此，史陶生亦不反對康德，
但對於物自身的概念如何理解，史陶生便與康德有歧見。在他看
來，物自身不是神秘不可知的東西，它們就是如科學所描述的東

---

❷　見本章第四節。

❷　《意義的範圍》，頁251。

西，史陶生說：「對象之真如實相，就是擁有由物理學和生理學所賦予給它們的那些性質……而我們通常藉由知覺而賦予它們的那些特徵，皆可以藉由對它們自身的描述而消除」 ❸ 。換言之，史陶生認為「物自身」應了解為「科學的對象」；而現象就是「通常知覺中的對象」，這是「科學的觀點」 ❸ ，較之康德「批判的觀點」更可接受，而且，我們知覺所得的「知識」，並不是真知識，科學所得的知識，才是真正對於事物本身的知識——這就是史陶生對現象與物自身的新解的含義之一。當然，史陶生所謂「科學的觀點」， 是否能站得住腳、是否能取代康德現象與物自身的區分方式，實有很大爭議的空間。

第六節　知識論與形上學

　　史陶生的形上學，是從語言分析入手而建構起來，其中所置定的存在元目，是性質完全不同的兩範疇，即殊相和共相；雖然異質，但二者又必須連結起來才能構成一事實。總而言之，史陶生形上學所理解的存在界，其存在元目有二種，而其基本結構是二者之連結，此連結稱「群集」或「繫結」。

　　他的知識論，可以說是依於康德而建立（縱使他有反對康德的地方），其中所置定的知識成素，是性質有別的兩類，即個別物項和普遍概念，此二者又必須連結起來才能構成知識 ❸ 。總的說，

---

❸　同上，頁252。

❸　同上。

❸　史陶生贊同康德所說，僅概念而無直覺，則概念是空洞的；僅直覺

史陶生知識論所理解的經驗（或知識），其知識成素有兩類，而其基本結構則亦是二者之連結，此連結稱「統攝」或「個例化」。

雖然形上學與知識論之成立，有不同的根據，但二者的基本骨幹及範疇，卻只是異名而已，其「實」是相同的，那就是說，存有論所言的殊相和共相，跟知識論所言的個別物項和概念，乃是相同的「東西」，殊相就是個別物項，共相就是概念；而所謂共相群集殊相，就即是概念之統攝個別物項(亦可說，個別物項例證了概念)。因此，史陶生的形上學和知識論，其實是一體的，正如他說：「存有論、知識論、及語言理論並不是真正可分離的；而我們的對偶〔按：指三相對偶〕必然地在此三個領域以不同的形式呈現」❸。

形上學與知識論之能貫通為一體，關鍵就在那三相對偶之假設❹。這一對偶，乃是吾人思維的基本結構，故我們無論思考存有問題、或知識論問題、或邏輯・語言的問題，我們所能構思出的任何理論，都必然以適當方式反映出這思維的基本結構。換個角度說，無論我們在那一個領域思考，我們都是以同一的思維結構去思考，因此，這思維結構乃是終極的源頭（比喻地說），它必決定了每一領域的基本架構，只不過，有不同的形式和用語而已；是以，形上學與知識論，實乃只是兩套不同的語言(或表達方式)而已。

故當我們說，史陶生的形上學，是「知識論的形上學」（又可

而無概念，則直覺是盲目的。

❸　《意義的範圍》，頁47。

❹　參見本書第一章第五節。

稱知態形上學），也可以換成說，他的知識論，是「形上的知識
論」(Metaphysical-Epistemology)。

第五章　史陶生的邏輯哲學

邏輯哲學(philosophy of logic)，主要是對邏輯中的概念、符號、規則、格子等，作分析、討論、或解釋。同時更對邏輯所牽連的若干哲學問題，加以探討和立論。邏輯哲學不是邏輯學本身，因為它並不在於從事演算操作，而在於反省一個演算操作系統所包含的各個概念、符號、規則、格子等，亦反省整個演算操作系統所關聯到的問題。

舉例而言，邏輯哲學的論題有：「邏輯必然性」(logical necessity)的界定、「⊃」符號的解釋、「導出」或「導衍」(entailment)的解釋、「類」的界定、語法規則 (syntactical rules) 與語意規則 (semantic rules)的構成與選取、「一致性」(consistency)及「完整性」(completeness)的追求及其涵蘊的問題等等。同時，邏輯哲學更討論到重要的哲學問題，例如：歸納法的有效性問題（歸納法本身是否需要被證立？如何證立？）、「邏輯與存有」的問題（邏輯中的語言和符號，有否指涉存在界？）、邏輯系統的性質問題（它是什麼？據何而成立？）、及邏輯系統的選擇問題（有何更高的準則，可讓吾人選用某一套系統而不是另一套系統？）等等。在某一角度而觀之，邏輯哲學實是一種後設邏輯(meta-logic)。

史陶生的邏輯哲學，直接或間接都涉及上述論題及問題，但史陶生最關切的，是一個特定的問題，我們將稱之為「主謂問題」，此是有關傳統邏輯中主謂式命題的若干問題。本章即以此為核心內容。

第一節　傳統邏輯與主謂對偶

史陶生邏輯哲學的目標，主要是在證立邏輯主、謂辭的對偶。所謂證立，就是提出有根據的說明，以證明此對偶是必然的、基本的、和普遍的。但主謂對偶並不是一個簡單的概念，其中實包含很多具體的項目，例如主辭和謂辭的定義與辨別二者結合的方式、主辭和謂辭各自的特性、主謂式命題的地位、主謂辭的區分判準等。

事實上，主謂對偶在傳統邏輯中已有既定的說法；史陶生的證立，可以說就是要維護這個傳統；因而，要了解史陶生的主謂對偶理論(Theory of Subject and Predicate)，我們得先了解他要維護的是怎樣的傳統。

傳統邏輯對於主謂對偶的說法，我們歸納出下列五點。第一是關於主辭和謂辭的定義，亦即主、謂辭的辨別問題，邏輯家威爾遜(Cook Wilson)有一個很好的總結如下：

> 根據傳統對主辭和謂辭的定義，主辭就是在一命題或述句中我們所談及者，而謂辭就是我們對那被談及者所作的陳說❶。

例如在「蘇格拉底是哲學家」一命題中，我們是談及蘇格拉底，所以「蘇格拉底」便是主辭；而我們關於蘇格拉底說了些什麼？我們說他是哲學家，故「哲學家」便是謂辭。邏輯家有時也用「主題」(topic) 來界定主辭，在上例中，蘇格拉底便是那命題所談及的主題，故「蘇格拉底」是主辭，而對主題所作的陳說，便是謂辭。

　　第二，傳統邏輯認為主謂式的命題結構是普遍的，即任何有意義（合語法）的命題，都具有這種結構。定言命題固不必多說，它們就是明顯的主謂式命題。或然命題是「p 或 q」形式的命題，而其中"p"和"q"，卻是代表簡單的主謂式命題。假言命題是「如果p，則q」的形式，但同樣，"p"和"q"也是主謂式命題。綜合命題的形式是「p和q」，其中"p"、"q"也是主謂式命題。以上各形式的命題，分析下來，都發現其包含主・謂式的結構。不過，有一種命題是較為棘手的，就是關係命題，例如「張三是李四的鄰居」，此中誰是主辭、誰是謂辭，實可有爭議；邏輯家如狄摩根(De Morgan) 仍然設法把關係命題解釋成是主謂式命題的一種❷，以力求維護主謂式結構的普遍性。

　　第三，傳統邏輯也認為，主辭和謂辭的二分，便能窮盡了一（定言）命題的實質構成部份。換言之，實質地構成一命題的，就只有主辭和謂辭，再無其他。但在 A、E、I、O 這四種形式的

---

❶　J. Cook Wilson, *Statement and Inference* (Oxford, 1926), 1: 114.

❷　見布亨斯基著，艾浮・湯瑪士編譯，《形式邏輯史》，美國印第安那州，聖母大學出版社，1961年，頁375。

命題中，除主辭和謂辭外，顯然仍有其他部份，此即「凡」和「有些」。對於這些部份，中古邏輯家稱之為虛意辭(syncategorematic terms)，它們並無實質意指，而只是附著於主辭而已❸。此外，命題仍有另一些部份，此即「是」和「不是」。一般的看法，是把它看成是一種命題標誌 (propositional mark)，只表示主辭和謂辭的連結，其本身並無獨立的實質意義。若照羅素的建議，這個命題連結字，可以被吸收進謂辭項而成謂辭的部份❹，例如命題「蘇格拉底是人」，其中「蘇格拉底」是主辭，而「是人」則成謂辭，這樣，「是」字成了謂辭的一部份。總言之，邏輯家用盡種種辦法，在在都要說明命題的實質部份，只是主辭和謂辭。

第四，在各形式的命題中，單稱命題被認為是最基本、最典範、最「真正」的主謂式命題。單稱命題就是以一個特指語式為主辭的命題，例如「顏淵死」、「此人是賣國賊」、「阿里山是很美的」等。其他非單稱命題（即A、E、I、O形式者），其為主謂式，乃是在第二義上說。所謂第二義，有不同的解釋，一種說法是，非單稱的主謂式命題，是類比於單稱命題而衍生。照如此說來，整個主謂式的格局（區分和結合），便是建立在單稱命題的性質和結構上，這是很重要、很有深義的一點。

第五，在主謂式命題中，特指語式（即單稱辭singular term）只能做為主辭，不能做為謂辭；而相對地，遍稱辭(general term)卻可作主辭，也可作謂辭。例如在「孔子是聖人」一命題中，「孔子」一辭不能當謂辭，只能是主辭，而「聖人」在此命題是當謂

---

❸ 同上，頁158。
❹ 羅素，《數學原理》，劍橋，劍橋大學出版社，1903年。

辭，但它又可以在另一命題當主辭，例如「凡聖人是有大德的」，
在此命題，「聖人」是主辭。

　　以上是傳統邏輯關於主謂對偶的主要立說，邏輯家一直都奉
為圭臬。但當有人提出懷疑的時候，傳統的立說便暴露出問題，
例如，主辭和謂辭的定義，根本缺乏邏輯力量(logical force)以決
定誰是主辭、誰是謂辭，就上舉「蘇格拉底是哲學家」之例而言，
它究竟是「談及」蘇格拉底抑是「談及」哲學家、它的主題究竟
是蘇格拉底抑是哲學家，實無必然的規定。又如，為什麼單稱命
題要被定為是主謂式命題的典範？這有什麼必然的理由？此外，
為什麼特指語式只可作主辭而單獨地不能作謂辭？而為什麼遍稱
辭卻可當主辭亦可當謂辭？凡此種種，都可追問其理由，而且更
徹底地，我們可以問：根本上為什麼一定要作主辭和謂辭之分？
這也即是對主謂對偶是否有必要存在於邏輯中，提出懷疑。

　　史陶生認為，傳統對主謂對偶的立說，縱有可質疑之處，但
這些質疑卻又並非無從回答，換言之，主謂對偶之所以存在，是
有其哲學根據的；他的工作，亦在乎於此。

第二節　現代邏輯與主謂對偶

　　在傳統邏輯有主、謂辭的分辨及二者之結合方式；在現代邏
輯（形式化、符號化的邏輯）亦有相應的格子(schema)，此就是
"Fx"的組合方式，蒯因稱之為「基本組合(basic combination)」❺；
羅素稱為命題涵變(propositional function)，一般邏輯教科書亦以

---

❺　《邏輯與文法的主辭和謂辭》，頁4。

此稱之。在“Fx”的格式裏，其中“F”代表謂辭，一般稱之為涵值；而“x”代表主辭，稱為變值（或變元），它可以用多個定值(value)代入，例如“a”、“b”、“c”、“d”等。當我們用定值代入之後，命題涵變“Fx”便被固定下來而有“Fa”、“Fb”、“Fc”、“Fd”等等的命題。如果用日常語言給予解釋，道理其實是很淺白的。今用「是智者」代入“F”，則“Fx”便讀為「x是智者」，而“x”是變值，可以用多個定值代入，例如「孔子」、「蘇格拉底」、「耶穌」、「釋迦牟尼」等，那我們便有「孔子是智者」、「蘇格拉底是智者」等等的命題。

由“Fx”的基本組合，作進一步的發展（此主要是弗烈克的功勞），乃成量化邏輯(Quantificational Logic)的開端，這就是對“x”加以量的限制。在“Fx”格子，其中“x”是代表全部份子或只是代表一些份子，於此並無指定，故“x”是為自由變值(free variable)，“Fx”則是開放命題(open proposition)。但若我們對之加以封限，則“x”便成為是封限變值(bound variable)了。封限的方法，是使用兩個符號：“∀”，是為普遍量詞(universal quantifier)，意指全部；和“∃”，是為存在量詞(existential quantifier)，意指有些(部份)。加了量詞之後，原來的開放命題“Fx”便成了量化命題(quantified proposition)，分別寫成“(∀x)(Fx)”及“(∃x)(Fx)”。用中文翻譯出來，卻是很彆扭的，即「對所有的x，它們都是如此的，即x是F」，及「有些x存在，它們是如此的，即x是F」，但直截了當地說，“(∀x)(Fx)”便是「所有x都是F的」，“(∃x)(Fx)”便是「有些x是F的」兩句話而已。

以上陳述，對熟悉邏輯的人，實是十分簡單顯淺，似乎不必

大費篇章。然而，較複雜深奧的第一序謂辭演算 (First Order Predicate Calculus)，以至更複雜深奧的高序謂辭演算 (Higher Order Predicate Calculus)，卻皆是以這個簡單的 "Fa" 為基本單位、為始點，故無怪乎蒯因稱之為基本組合、史陶生稱之為「基本加謂式」、羅素稱之為原子命題(atomic proposition)。對這基本加謂式，史陶生作了詳細的分析，展現了 "F" 與 "a" 的不對稱性 (assymmetry)，指出二者在邏輯語法(logical syntax)和文法上的差別，有下列四點。

第一，在 "Fa" 的格子中，做為謂辭的 "F"，只限一個，即就是 "F"，但做為主辭的 "a"，卻不限只能有 "a" 一個，而可加幾個，例如 "Fa・b"、"Fa・b・c" 等。舉例來說，以「打球」代表 "F"，「張三」代表 "a"，故 "Fa" 便是「張三打球」。但我們又可多加一個 "b"，例如「李四」，故我們就有 "Fa・b"，即「張三和李四打球」。同理，又可多加一個 "c"，例如「王五」，於是就有 "Fa・b・c"，即「張三、李四、王五一起打球」。用邏輯術語來說，在 "Fa" 中，"F" 是「一位謂辭(one-place predicate)」；在 "Fa・b" 中，"F" 是「雙位謂辭(two-place predicate)」；在 "Fa・b・c" 中，"F" 是三位謂辭；如此類推，"F" 亦可變成是多位謂辭(many-place predicate)。換言之，謂辭 "F" 只有一個，但主辭卻可有多個❻。

第二，對基本加謂式作否定(negation)時，該否定符號是連結於謂辭 "F" 而非連結於主辭 "a"；即是說，"−(Fa)" 是邏輯地等價於 "F̄a"，而不能寫成 "Fā"。換言之，否定符號是被謂辭吸收，

---

❻　參考史陶生《邏輯與文法的主辭和謂辭》，頁4-5。實例是本書作者所提，非史陶生原有。

乃成一「否定謂辭」(negative predicate)，而主辭卻不能變成一「否定主辭」——根本沒有這東西❼。舉例來說，今有一命題「孔子是魯國人」，其中「孔子」是主辭，「是魯國人」是謂辭，我們要否定此命題，我們就要說「孔子不是鄭國人」——這便構成了對原命題的否定。但要注意到，那「不」字的力量，是黏著於謂辭而起而對主辭無作用。因此，在否定一個命題時，主辭和謂辭受到這種「差別待遇」，史陶生指出這又是一個不對稱點❽。

第三，謂辭，可以有複合謂辭(compound predicate)，但主辭，卻沒有所謂複合主辭；即是說，我們可以有"(F‧G)a"的符示程式，但沒有"F(a‧b)"。(其中"‧"表示「和」的意思)。舉例而言，我們可以說「孔子既仁(F)且智(G)」，其中「既仁且智」便是複合謂辭。但如果我們要比照複合謂辭而構作一複合主辭，例如說「孔子和老子是哲人」，其中「孔子和老子」似乎就是所冀的複合主辭，但史陶生論證說，這只是一個「假象」❾，因為該命題「孔子和老子是哲人」其實是兩個簡單命題的複合而已，此二命題即「孔子是哲人」及「老子是哲人」，因此，並無真正的一個複合主辭。

第四，在文法上，邏輯主辭的詞類是名詞或名詞片語(noun-

---

❼　見同上，頁6。

❽　這個不對稱點，實非史陶生首先發現，基筌(Geach)已有所討論，參考 P. T. Geach, *Reference and Generality* (New York: Cornell University Press, 1962; emended edition,1968), p. 32.

❾　Strawson, "The Asymmetry of Subjects and Predicates," in *Logico-Linguistic Papers*, p. 109; Cf. p. 110.

phrase)；而邏輯謂辭的詞類是動詞或動詞片語❿。例如在「孔子是聖人」一命題中，「孔子」是一名詞（專有名詞），同時也是邏輯主辭；而「是聖人」是動詞片語，也是謂辭。又如在「顏淵死」一命題，「顏淵」是專有名詞；「死」是動詞。史陶生指出，主辭和謂辭，就其反映在文法上，又有此不對稱點。

　　但我們亦必須注意到，在英文中的文法主辭(grammatical subject)並非即等於邏輯主辭，誠然，大部份情況，二者是重疊的，但這仍只能算是偶合，因為二者在定義上、邏輯上、哲學意義上，都不一樣。例如英文中有說"It rains."（「它下雨了」），其中「It（它）」是名詞（代名詞），也是該句子的主辭——文法主辭，但卻不屬邏輯主辭。其他有同樣性質的名詞包括"nobody"、"nothing"、"everything"、"anything"等，它們可以作文法主辭，但不是邏輯主辭。再者，我們又要注意到，史陶生所依據的，是英文文法，而英文文法不是唯一的語文文法，也不是其他語文文法的標準典範，因此，由名詞和動詞以構成一完整句子的規則，在其他語文文法卻不必有。例如在中文，我們可以說「你很聰明」，這在中文文法和意思上，都很完整，但這句子卻沒有、或不需要有動詞。此外，中文的語句，亦常常沒有文法主辭，例如說「回到家裏，覺得十分疲倦，跳到床上，倒頭便睡」，這連串句子表達了完整意思，其中有動詞，也有形容詞，但沒有（最少，沒有寫出）如英文文法所規定的文法主辭。中文文法和英文文法的這些差異，包含著一些值得討論的邏輯和哲學問題，有機會會詳加研究。

---

❿　《邏輯與文法的主辭和謂辭》，頁11。

第三節　主謂對偶的形上說明——範疇判準(Categorial Criterion)

　　不管是傳統邏輯抑是現代符號邏輯，都似乎不能不使用加謂式以做為命題的元始單位，但一定是如此嗎？是否可能把加謂式在邏輯中除去？再者，在加謂式中主辭和謂辭的差異為什麼會是如此？是否只是一種約定或規定而已？這些問題，正是懷疑論者如羅安塞對主謂區分的質疑⓫，也正是史陶生哲學工作所要回應的問題；他的形上學和知識論，就為答覆這些問題做好了準備。

　　史陶生在《個體》一書，對主、謂辭的區分，提出了「範疇判準」。他指出，邏輯主辭和謂辭的分辨，其深層基礎是在主辭和謂辭所引進的存在元目之範疇差別上。他的說明，以基本加謂式為典範案例(paradigm case)，再擴充之而普及於第二序的主謂式命題。

　　史陶生指出：「主、謂區分的基礎，是在被引進於此類命題〔按：基本加謂式〕的元目類型或範疇之差別上」⓬。在基本主謂式命題中，主辭之成為主辭，謂辭之成為謂辭，主要關鍵是在於各該辭項引進不同範疇的存在元目：引進殊相的，便是主辭；引進共相的，便是謂辭。依此，在命題「蘇格拉底是有智慧的」中，「蘇格拉底」一辭是主辭，因為它引進蘇格拉底此殊相，而「智慧」一辭是謂辭，因為它引進智慧此共相。

⓫　　見第一章第二及三節。

⓬　　《個體》，頁161。

　　殊相與共相是不同範疇（類型）的存在元目；它們不是語言或邏輯上的分類。史陶生認為，邏輯主辭與謂辭之區分，正是建立在此存在元目之範疇區分上，彼此有一相應，因此，邏輯主、謂之分辨，具有形而上的根據，有其必然性和普遍性。

　　主、謂辭區分既有其形上根據，而二者之結合方式，亦須說明，此即要解決如下的問題：基本加謂式是一個主辭與一個謂辭之結合，此種結合有何根據？答覆此問題的樞紐，乃在共相的群集功能[13]。

　　史陶生有關共相的形上學，確認了共相有群集其他項目的功能，即共相能收納其他殊相（或共相）於其名下的功能，例如「戰役」一共相，能群集了「淝水之役」、「甲午之役」等殊相[14]。群集就是與被群集者產生繫結 (tie)；某一共相群集另一殊相，即是與該殊相產生一繫結；其結果，則必要是　有意義的真命題[15]。換言之，基本主謂式命題的構成，是建基於共相與殊相的繫結；而此種繫結是兩個存在元目的結合，不止是兩個語言或邏輯符號的組合。因此，就語言或邏輯而言的主謂辭之結合，底層實有其形上根據。

　　若就邏輯層面而言，所謂「加謂」，除了邏輯的形式意義外，仍必有深層的實質意義，因為，如上所言，主謂辭的結合，並不止於語言或邏輯的層次。基本加謂式的形式是「X是Y」，其中"X"是主辭，"Y"是謂辭；且"X"引進一殊相，"Y"引進一共相。

---

[13]　參考第三章第二及三節。

[14]　有關共相之群集功能，詳見本書第三章第二節。

[15]　見本書第三章第三節。

史陶生這樣說：「『Y加謂於X』的基本意義是：『X被斷言（非關係式地）繫結於Y，以做為Y的一個例或為Y所定性刻劃』」 ⑯，詳說如下。

　　共相有兩類型，即類別共相和質別共相（料別共相除外），故共相與殊相之繫結，亦相應地有兩種，即類別繫結和質別繫結，這兩種繫結，各有不同的內在構造或性質。

　　今就其為類別繫結而言，「Y加謂於X」這邏輯語式 (logical locution)所表示的意義是：Y為X所個例化(instantiated)；也等於說，X是Y的個例(instance)。同理，若說Y類別地繫結於X，其意義亦正是斷言X是Y的個例。所謂個例，就是個別的實例，它既是一殊相，故依史陶生的形上學，它最終（或直接或間接）必能定位於時空系統中⑰。因此，說X是Y的個例，就是斷言在時空系統的殊相X歸屬於共相Y而成為Y共相所涵的一份子。若以共相Y為主軸，則可說：Y為X所個例化。此語的解釋是：共相Y以在時空系統中的殊相X為例證。兩項說法，意義相同。

　　再就質別繫結言，「Y加謂於X」所表示的意義是：X被Y所定性刻劃(characterize)；也等於說，Y定性刻劃了X。所謂「定性刻劃」，意思是對殊相X加以性質、品質、特性等的認定或授與；若以共相Y為基點，則可說：共相Y是殊相X的性質（或品質、或特性）。在史陶生的形上學，殊相之為殊相，時空定位便是充份必要的條件，換言之，殊相之最基本定義，是由其時空定位給予，故就殊相之原初定義言，殊相乃僅是「空白殊相(bare particular)」，

⑯　《個體》，頁119。

⑰　參見第二章第二及三節。

即「陽春」殊相之意，並無涉及類型或性質。質別共相繫結於殊相，乃就是認定或授與該殊相以某種性質。

總結而言，邏輯主辭與謂辭的區別，其根據是在於前者引進殊相，後者引進共相；依此，主、謂辭之區分乃有了形上基礎。而主、謂辭的結合，亦是經由殊相與共相之兩種繫結而說明，是以加謂式命題中之主、謂辭結合，其形上根據亦得以顯明。

第四節　範疇判準之類比推廣

範疇判準是藉著殊相與共相的區分和結合，以說明邏輯主辭與謂辭的區分和結合，確立了邏輯加謂式的形上基礎。但此項說明，只限於基本加謂式，仍未及於其他非基本的、第二序的加謂式。所謂第二序加謂式，是指那些完全沒有引進殊相的主謂式命題；此類命題，其主辭和謂辭皆引進共相，有別於基本加謂式。例如「誠實是品德」這命題，其中主辭「誠實」引進共相誠實，謂辭「品德」亦是引進共相品德，故顯然它並不符合範疇判準所針對的殊相─共相結構模式。因此，這類命題是否仍可說是主謂式命題？它的主辭既無引進殊相，則此主辭仍有何意義可稱之為主辭？它是否可能只是一虛擬的主辭而不是一真正的主辭？這些問題看似簡易，實則不然；它們之如何處理，有極大的哲學含義。

對於這類命題，一般符號邏輯的符式是：$\forall (x)(Hx \supset Vx)$，其中"H"和"V"分別代表「誠實」和「品德」，其解讀是：對於一切份子x，如果x是誠實的，則x是有品德的。如果我們對變項"x"的指涉(reference)限定為殊相，則此邏輯符式將導致一種存有論——

唯名論,它否認了共相名辭有存在指涉。依此種唯名論邏輯,在命題中的共相名辭,最終都只能是謂辭,而真正的主辭,總是那指涉殊相的變項的值;所有的共相名辭,最終都被化約為是謂辭,而沒有存在指涉。萊爾是近代這種化約主義的佼佼者[18]。

但是,如果我們把這類以共相名辭為主辭的命題,不加分辨地視同於基本加謂式,即賦予它同等位階的存在指涉,此將導致一無限擴張的唯實論:它承認共相的自存地位,有如柏拉圖主義一樣,且共相的數目將無從控制,因為使用一個共相名辭做為主辭,亦即引進及承認一自存共相於吾人的存有系統中,例如「可分性是物體的性質之一」這命題,似將迫使吾人承認有一自存共相,稱為「可分性」;而「社會性是人的特性之一」又將迫使吾人承認有一自存共相稱為「社會性」;「階級性是人類社會的特色」使吾人要承認有一自存共相稱為「階級性」; 此外,又有「可燃性」、「可溶性」、「宗教性」、「政治性」、「文化性」、「現代性」等等共相名辭,不勝枚舉。

史陶生對這類命題的處理,一方面拒抗唯名論的化約主義;另一方面,又防範著掉入柏拉圖式實在論的立場。他認為,共相一樣可以做為邏輯主辭,但不是「基本」意義的主辭,而是在一類比意義(by analogy)下,成為主辭。史陶生說:

> 我們認為共相群集其他共相,其方式類比於共相之群集殊

---

[18] 見Gilbert Ryle, "Systematically Misleading Expressions," in Richard Rorty, ed., *The Linguistic Turn* (Chicago: The University of Chicago Press, 1967), pp. 85-100.

相，此即殊相做為共相之個例或為共相所定性刻劃⓳。

依這類比，共相Y群集（繫結）另一共相X，其（類比）意義即是：共相X是共相Y的個例，或為共相Y所定性刻劃，因此，我們仍可說共相Y加謂於共相X，亦即是說共相X做為邏輯主辭繫結於做為謂辭的共相Y。因此，以共相名辭為主辭如「誠實是品德」等的命題，仍被決定為是主謂式命題，而共相名辭同樣可以做邏輯主辭。不過，這都是以類比意義言：共相與共相的繫結類比於殊相與共相的繫結。

但共相與共相的繫結，有其特殊的限制，此即共相系統內的邏輯法則。史陶生在其共相的形上學，指出了共相門的三種關係，即排斥關係、涵攝關係、和隸屬關係⓴；它們規範了共相繫結的方式。首先，如果兩共相間是有排斥性，則二者不能作定言繫結，例如「圓」與「方」，因之，命題如：「圓是方的」是必然假的命題。其次，當兩共相是有涵攝關係，則做為充份條件的共相，要當主辭，不能為謂辭，而做為必要條件的共相，只能當謂辭，不能當主辭。例如「紅色」和「顏色」二共相，其中「紅色」是「顏色」的充份條件，故我們只能以「紅色」做主辭、「顏色」做謂辭，乃構成「紅色是顏色」的命題，而不能構造「顏色是紅色」這樣的命題。最後，就隸屬關係言，較低層次的共相必須做主辭，而較高層次的共相則必須做謂辭，例如「動物」和「人」二者，因為「人」是較低層次，故二者之定言繫結，必須以「人」為主辭，

⓳　《個體》，頁171。

⓴　參見第三章第四節。

乃構成「人是動物」的命題，換過來說「動物是人」，是不容許的。

　　範疇判準及其類比推廣，容納並證立了以共相名詞為主辭的加謂式，擴充了主謂式命題的範圍；同時，也說明了傳統邏輯對主、謂辭幾項主張❹的合法性。首先，關於主謂式命題的普遍性，已獲證立，因為任何命題都必以殊相─共相或共相─共相的組合為基礎，此等組合便構成主謂式命題。其次，特指語式（單稱辭）只能當主辭，不能當謂辭。因為特指語式是引進殊相，而殊相在加謂式中是做為共相的個例或為共相所定性刻劃，此種繫結方式不能換轉過來。但遍稱辭（即共相名辭）卻可以當主辭，亦可當謂辭，此因為共相可以被另一共相所群集，在類比意義下，被群集的共相便成主辭，但當此共相繫結於殊相時，它是謂辭。再者，單稱命題是真正、典範的主謂式命題，此因為單稱命題正是殊相與共相之結合的成果，而此種結合是存在元目最基本的結合。最後，在一主謂式命題中，主辭和謂辭是構成此命題的實質部份，此因為主辭和謂辭皆各引進一存在元目，而命題中的其他部份如「凡」、「不」、「是」等，並無引進存在元目，故為非實質性的。

　　總括而言，史陶生的範疇判準，藉著其殊相與共相的形上學，證立了主謂對偶的根據，同時，此判準的類比推廣，也說明和維護了傳統主謂邏輯的各項主張。相對於某些現代邏輯家如蒯因和卡納普等，史陶生對主謂式命題的處理，可說是典型的亞里士多德主義者。

---

❹　見本章第一節。

第五節　主謂對偶的知識論說明

　　所謂知識論說明，是指使用知識論中的概念和理論以說明主謂對偶。但史陶生哲學的一個特色，正在其知識論與形上學的一體性㉒，故今所謂知識論的說明，實可視為是其形上學說明的另一面相，不過，知識論的說明將更易理解、且能補強形上學說明的某些弱點。

　　形上學的說明，使用殊相與共相一組概念，而就知識論方面言，史陶生這樣說：

　　　　如果經驗要是可能的話，則我們必須知覺到個別項目，且要知覺到它們之納入普遍概念中㉓。

此所謂「個別項目」，相當於殊相；而「普遍概念」，相當於共相。這是很關鍵的一個轉接，形上學和知識論，就在這個轉接上貫通起來。史陶生繼續補充說：

　　　　如果任何物項果要進入吾人的意識經驗，則吾人必須有能對它作某種方式的歸類，或能辨識它之為具有某些普遍性徵㉔。

㉒　見第一章第五節。

㉓　《意義的範圍》，頁72。

㉔　同上，頁20。

對個別物項歸類，即是把殊相納入於某一類別共相中，而所謂「辨識它之具有某些普遍性徵」，　即是把它群集於相應的質別共相之下。

這個轉接之所以可能，關鍵就在於史陶生的三相對偶說❷。此說認為邏輯中的主辭與謂辭、形上學中的殊相與共相、及知識論中的個別對象與概念，乃是同一對偶的三方面表象；故從任一方面，都可過渡到另外兩方面，因此，邏輯主謂辭之對偶，亦完全可通過知識論的對象與概念之對偶予以說明。

但是，主謂對偶的知識論說明，並非只是把形上學的名辭「殊相」和「共相」轉換成知識論的名辭「個別對象」和「普遍概念」而已。知識論說明比形上學說明更有效地證立主謂式命題的必然性和普遍性，且能顯示主謂式命題與知識（經驗）的關聯。在知識論方面，史陶生有賴於康德之處甚多。

照康德的分析，經驗（知識）之所以可能，其必要條件之一，是直覺雜多被帶到概念的綜合統一之下，分別言之，經驗的構成，需要直覺雜多和概念兩種成素，而且前者要被收納於後者的綜合統一，這也就是經驗的基本結構模式。

史陶生完全接受了康德這結論，認為經驗基本地是由兩種成素結合而成。不過，他對康德的結論，作了一些修改，他說：「〔康德的直覺與概念之對偶〕，實只是個別事例與普遍類型之對偶的知識論面相而已」❷。史陶生對康德的批評之一，是認為康德使用的詞彙，有太重的心理學意味，但康德所獲致的結論卻是

---

❷　見第一章第五節。

❷　《意義的範圍》，頁48。

正確的，故史陶生改變了康德的詞彙，而用自己的語言來表達同
樣的真理。在此，史陶生的「個別事例與普遍類型」，即相比於康
德的「直覺與概念」，事實上，史陶生亦曾使用「普遍概念之個別
事例」與「普遍概念」的語詞，來表達此一對偶。

　　史陶生這樣說：

> 我們確實可以承認，無論我們對經驗或經驗知識作何種理
> 解，都必須認定一項事實，即，我們意識到經驗中的個別
> 事物，且有能把它們歸類於某一屬類或確認它們的特
> 徵❷。

史陶生的意思是說，經驗（或經驗知識）之所以能成為經驗，其
必要條件就是要把個別對象納入於普遍概念之下，否則，經驗便
不可能成為我們所能理解的經驗。依此而言，經驗之最基本結構，
乃就是「個別對象之連結於某一普遍概念」，此中，要有個別對象、
要有普遍概念，最後，二者要結合起來。例如，「蘇格拉底」是一
個別對象，「哲學家」是一普遍概念，而二者之連結，即前者被判
斷成歸屬於後者，乃成一經驗知識：蘇格拉底是一哲學家。

　　作出這樣連結的，乃是心靈的一項認知行動；這行動，便是
判斷。我們的認知能力，把所知覺到的個別對象判斷為是歸屬於
某一普遍概念的實例，或把其特徵判斷為是由某一概念所描述。
在康德言，所謂判斷，正是在於決定某一（某些）個別對象之是
（或不是）隸屬於某一概念，亦即決定某一普遍概念之能（或不

---

❷　同上，頁47-48。

能）應用於某個別對象；一個判斷，便即是一項經驗知識亦即是一個經驗。知識的基層結構既是如此，則在邏輯和語言層面反映或表達這種結構的，便是主謂式命題。因為，第一，根據三相對偶說，知識的基層結構在邏輯和語言層面必有所反映，第二，在邏輯和語言層面，最適任於反映、表達這種結構的程式(formula)，便是主謂式命題。史陶生說：「我們假定，主謂對偶及我們所談過的二者之差異，反映了我們對世界的某些根本的思維特色。」❷所謂「思維特色」，就是指判斷的基本結構。所謂「反映」，是如此的：在一個基本的主謂式命題中，其主辭是一個專屬名辭（即單稱名辭），此名辭指涉了一個經驗中的個別對象；而其謂辭則是一個普遍名辭（即一般名辭），此名辭指涉了一個概念；這兩個名辭的結合成一命題，就表象了我們關乎這個別對象與概念的一個判斷。是以，史陶生再強調說：「基本的主謂式語句，是適任於傳達這類判斷的。」❷

第六節　主謂式命題的證立與說明

形上學說明和知識論說明，可以混合起來，用以證立主謂式命題在邏輯中的地位。

首先，主謂式的命題結構，在邏輯中是必然和基本的，不能取消的，縱使表達這種結構的符號程式可以改變，但基本結構如一。例如，傳統邏輯以「S是P」表示，符號邏輯以"Fx"表示，但

---

❷　《邏輯與文法的主辭和謂辭》，頁13-14。

❷　同上，頁20。

基本上，其結構都是主謂式。主謂式命題的必然性和基本性，正源於它反映了我們知識判斷的基本結構，也即反映了我們經驗之基本構造模式，因此，除非此後者有所改變，否則，主謂式結構乃是必然地存在於邏輯符號系統中。

　　當然，也事實上，有人認為邏輯只是純粹的一套符號運作系統，跟思維模式、經驗構造模式、存有界的構造等，毫無關係；若如此，則主謂式命題便無形上學或知識論方面的根據了。這固是另一套邏輯哲學的主張，在此，我們無意涉入其中的複雜論證，但必須指出，縱使邏輯被了解為只是一套符號和運作，但這套符號的設計，包括其中的符號定義、語法規則、轉換規則等，仍是由吾人的思維所設計出，因而無論其如何變化，亦反映著我們思維的基本模式，質言之，這套符號的運作系統，仍必包含了主謂式結構的符號組合，除非我們不用我們既有的思維結構，否則，主謂式的符號組合將必然存在。

　　其次，在基本加謂式中，我們只能有一個謂辭，卻可有多個主辭；但又不能多個謂辭而只有一個主辭。即是說，"F(a)(b)(c)"算是合規則的格子，但"E・F・G(a)"卻不是。照史陶生言，理由很簡單，因為謂辭是引進一普遍概念，它作為一群集原理，可以群集多個個別對象（或事例）——這些個別對象就是主辭所引進的。相對照地，單一的個別對象，固可同時隸屬於多個不同的概念，但不能說它群集了多個概念於其下，故如"E・F・G(a)"，就不是合法的格子。

　　第三，我們可以有否定式謂辭，卻不能有否定式主辭。也即是說，"$\overline{F}$(a)"是合法的，而"F($\overline{a}$)"卻不被接受為合法句子(well-formed formula)。理由如下："F"這謂辭是引進一概念，而任何概念皆佔據（即涵蓋）一特定區域，亦即一般所稱的意義區域，在此區域以外，便不是此概念所觸及的。一概念的「意義區域」和「意義區域以外」，成了互補關係，二者加起來，就涵蓋全體(環宇)，即等於1。一概念之否定，即指涉了那概念的「意義區域以外」。因有此「意義區域以外」的範圍，故我們便有否定式謂辭。句子"$\overline{F}$(a)"表示把個別對象"a"，置於"F"的意義區域以外。相對照地，個別對象"a"並無互補項。

總結而言，史陶生的邏輯哲學，重點是把主謂式命題安立於其知識・形上學的基礎上，乃證立了主謂式命題之存在於邏輯，是具有形上的必然性而不是偶然的事實；而主、謂辭之區分，只可在形上領域中決定，不能從語言之表層或文法上確立。

第七節　邏輯與存在(Existence)

在邏輯哲學中，這是一個被熱烈討論的課題，其中有兩個主要的具體問題。第一，邏輯命題，特別是主謂式命題，是否對「存有（或存在物）」有作斷言？例如說「孔子是聖人」，其中「孔子」這主辭，是否斷言了孔子這個體的存在？答案似乎很容易、明顯，但考慮另一例子：「豬八戒是好色的」。這時，我們斷不能說「孔子」和「豬八戒」兩個主辭分別斷言了二個個體之存在（同一意義之「存在」）。再者，如果說主辭斷言（或涵蘊了）其所指涉之事物之存在，則我們會要容納無限制地多的存在元目；且在史陶生的理論中，共相名辭是可以當主辭的。例如說「聖境是完美的」，

其中「聖境」是主辭，那末，我們是否已認定了「聖境」這共相存在呢？如果是，則問題便出現了，因為，我們也可說「鬼神是不可侵犯的」、「空虛是靜止的」、「明天是會更好的」、「來生是不可知的」等等無限制地多的命題，這便會有無限制地多的共相（「鬼神」、「空虛」、「明天」、「來生」等等）被認定存在了。簡明地說，如果認為主辭就斷言（或涵蘊了）其所指之物之存在，則結果便是：我們說什麼，這世界便有什麼；而且，我們將要接受一個有無限制地多的、柏拉圖式的共相世界。

　　對於這個問題，邏輯唯名論(Logical Nominalism)者或化約論(Reductionism)者的解決是十分明快的，他們直截了當地否認共相名辭（亦即普遍名辭）有任何存在之指涉，如蒯因說，「存在就是做為變項之定值而存在」，即在基本組合 "Fx" 中，"x" 之定值(value)是個別項目 "a"，"b"，"c" 等，只有它們存在，而 "F" 所指的共相，並不存在，只是空名而已。

　　在邏輯之存在指涉這問題上，史陶生的主張是：「任何東西都可做為邏輯主辭，即做為個體(individual)。」❸這裏所謂「任何東西」，就是包括殊相和共相。殊相當然可做為邏輯主辭，故關鍵是在共相上。這就是：共相名辭可以作主辭，此時，它指涉一共相之存在；質言之，當我們以共相名辭作主辭而構作一主謂式命題，我們便承認了那所指的共相之存在。史陶生說：

　　　要承認的是，如果我們說了蘇格拉底是有智慧的，我們便不能再說沒有智者存在，但同理，我們也不能再說沒有智

---

❸　《個體》，頁227。

慧這東西存在；否則，我們便前後不一致了**㉛**。

意思就是：邏輯的主謂式命題，涵蘊了我們對存有方面的認定和承諾(commitment)；不管所指的是共相或殊相，一旦我們作出了如此之命題，我們得要承認它們存在，否則，我們便是自相矛盾。承認共相存在，就是拒絕了唯名論，也拒絕了化約論──一個把共相分解為殊相的集合之企圖。

　　但史陶生之承認共相存在，並不即是柏拉圖式的實在論，他拒絕這個立場。史陶生所謂的共相，實即概念**㉜**，同時，他又把物體和個人，視為是基本殊相，亦即賦予它們「存有論的優先性」，因此，在史陶生形上學中的共相，並不像在柏拉圖哲學中的共相能享有存有論的優先性。如果要稱史陶生的立場為「概念論」(conceptualism)，亦未嘗不可。

　　第二個問題是：「存在」是否跟其他共相名辭一樣能做為一謂辭？例如，我們固可說「蘇格拉底是有智慧的」，此中以共相「智慧」作謂辭，但是否可比照地說「蘇格拉底是存在」的？此時，我們以「存在」作謂辭。這個問題，沒有引起太大的爭議，因為一致的共識已成，即，「存在」不是一個謂辭，即不可以用「存在」做謂辭而構作一主謂式命題，故真正的問題不在「可不可以」，而在如何說明為什麼不可以。

　　史陶生的說明如下：

㉛　同上，頁237-238。

㉜　參考本書第四章。

我們如果把「X 是存在的」的語句模式……視為是主謂式
語句的話，則我們會得到一荒謬的結果，即，這語句是真
抑是假的問題，卻只有當它是真的時候，才可以問，換句
話說，如果這語句是假的，則它之是真是假的問題，卻無
從產生❸。

這又是什麼意思？ 今假定「x 是存在的」是假，這即是說，根本
沒有"x"這東西，但既然根本沒有"x"這東西，那我們再有什麼立
場、什麼意義去迫問：「x是存在的」這話是真的？ 還是假的？ 是
以，此時，真假問題無從產生。故，如果我們要能追問這語句是
真是假，就必須先預設了它是真的，即預定了有"x"這東西；但
是，既然已預設了它為真，我們又有何立場、有何意義再問它是
真還是假？ 是以，「存在」不能視為謂辭，否則，便會出現這種「荒
謬」或弔詭(paradox)的情況。

這種矛盾情況，以符號邏輯的符式表示，更為明顯。今假設
有一語句：「有些生物是不存在的」， 其在量詞邏輯的符式是：
(∃x)(Bx・～Ex)其中，"B"代表「生物」，"E"代表「存在」。而這
符式的解讀是：有變項"x"存在，它們是如此的，即，它們是生
物且它們是不存在的 (There exists x, such that x is B and x does
not exist)；其矛盾是顯而易見的。 又假設有一語句說：「有些生
物是存在的」，其符式是： (∃x)(Bx・Ex)。這符式的解讀是：有
變項"x"存在，它們是如此的，即，它們是生物且它們是存在的
(There exists x, such that x is B and x is E)，很顯然，其中語句「它

❸　《邏輯理論導論》，頁191。

們(x)存在」不能假，否則，便跟量詞有矛盾；再者，語句「x存在」沒有道出比其量詞($\exists$x)更多的、或不同的東西，如此，我們又無從說它是真是假，因為它跟量詞等價。

總而言之，「存在」不是一個謂辭，即不可用它來構造一個有意義的主謂式命題，這是在邏輯中的共識；史陶生當然同意，只不過他再加以補充說明而已。❸❹

---

❸❹　康德亦已說明了「存在」不是一個真正的謂辭(real predicate)。參見《純粹理性批判》，B626-27。

第六章　史陶生的語言哲學

第一節　分析哲學的概況 ❶

　　史陶生在分析哲學領域中的地位，十分獨特，別樹一幟。他既認同並實踐語言分析的工作，但同時又不與分析哲學的主要派系合流，並對他們的目標和做法，有所批評。為凸顯史陶生的特色，必須對分析哲學界作一概述。

　　分析哲學大體地分為兩派，即所謂「理想語言學派」和「日常語言學派」。前者與邏輯實證論有密不可分的關係，而以羅素和早期維根斯坦（指維根斯坦的《論叢》）為先驅，其核心人物是博文(Gustav Bergmann)和卡納普。後者則以摩爾(G. Moore)和後期維根斯坦（指維氏的《哲學探究》）為先驅，其核心人物包括劍橋的萊爾(G. Ryle)和牛津的奧斯丁(J. L. Austine)。

---

❶　分析哲學包含語言分析和邏輯分析，但二者只有重點上的差異，而在實際的分析工作中，語言分析和邏輯分析是結合一起的。「語言哲學」和「分析哲學」分別所指涉的範圍，雖不是完全等同，但絕大部份是重疊的，因而，這兩名稱常被交相抵用或混合使用。

　　各派分析哲學家共同的地方，在於㈠對傳統哲學，特別是形上學，感到失望和不滿，因為傳統哲學一方面提出一些無法解決的問題，另一方面又對這些「哲學問題」作出各式各樣的解答，但眾說紛紜互相衝突、互相抵消；㈡認為那些所謂「哲學問題」之所以會被提出，是因為哲學家濫用或誤用了語言而致；㈢所謂「哲學問題」其實都不是真正的問題而只是「語言問題」，而「哲學」，其實質也就是語言分析；因此，㈣只要從語言方面著手，便可消融或化解那些令人困擾的哲學問題。

　　但在若干議題上，理想語言學派和日常語言學派有很大的歧見。理想語言學派認為，哲學問題之所以能出現，是因為日常語言有缺憾，例如語意可變性（流動性）大、語法不夠嚴密等，而這些缺憾，是「先天的」──即從日常語言之形成過程中，便與之俱來，且日久積累，根深蒂固。正由於日常語言本身的缺憾重重，使得哲學家有意或無意濫用、誤用了它，而形成所謂哲學問題，例如有哲學家問：宇宙為何一定是要從「有」而生而不是從「無」而生？哲學家把「有」與「無」二字當成名詞使用，乃誤導了人們（可能包括那哲學家自己）以為有兩個東西或情況，一個的名字叫「有」、另一個叫「無」，乃進而提出「為什麼宇宙是要由這個生而不是那個生？」這樣的形上問題，從此，被誤導的人們便開始猜測和互相爭辯，但永無結論。

　　理想語言學家認為，日常語言的缺憾是先天性、內建性的，實是無可救藥，故要徹底消除形上問題出現之可能性，就要放棄使用日常語言，至少在哲學領域內放棄使用，取而代之，是建構另一套語言，其中符號的意義、語句的構造、和語句的轉換變形

等，都有完整的法則予以規範；總言之，這套語言將如邏輯和數學一般地嚴格 (rigor)，有如博文所構想的「理想語言」一樣，而形上問題無從在此套語言中誕生。

但日常語言學家有極不同的看法。他們認為，日常語言是從歷史和現實生活中「自然」形成，普羅大眾的使用者已十分了解並習慣了其所使用的語言，故在日常生活中，這套語言有其效率和效用，其本身並無所謂缺憾或毛病，實不必亦無從予以揚棄。日常語言學家指出，形上問題之所以出現，錯不在日常語言而在哲學家——他們脫離或扭曲了語言的日常意義和正常用法，由此而構造出一些令人困惑的形上語句或問題，例如有哲學家說：「物質是不存在的」，但普羅大眾都看到有石頭、有流水，也知道自己有手有腳，而這些「東西」平常都被稱為物質，如今哲學家說物質不存在，那他所謂「物質」、「存在（或不存在）」實是什麼意思，就令大眾（也可能包括哲學家自己）費解了。

日常語言學家認為，消融化解形上問題之道，就正如維根斯坦所說：「我們所做的，就是要把文字從其形上的使用回歸於其日常的使用。」❷ 這就是說，要以語言的日常用法為準繩，對哲學家所講的話，一一予以分析，指出其用語或用法上的錯誤和偏差，以顯示出其形上語句或問題是由於其錯誤和偏差所引生的，如此一來，形上語句或問題便消化於無形了，萊爾便是這種「語言的治療工作」(linguistic therapeutics)的佼佼者。不過，有人也指出，要做這種治療之前，必須先對日常語言作分析，以求對之有一較

---

❷　Ludwig Wittgenstein, *Philosophical Investigations* (New York: Macmillan; Oxford: Blackwell, 1953), Part I, Sec. 116.

清楚和正確的了解，否則，我們實無憑據以之為分析的準繩，奧斯丁就是這種「細碎分析(piece-meal analysis)」的首號人物。

第二節　史陶生的評論

　　史陶生並不認為建構一套理想語言便可化解形上問題，他對卡納普之企圖建構一套科學化的人工語言，提出質疑。首先，形上問題是藉由日常語言構作的，縱使它們脫離了日常語言的一般用法，但無論如何，它們跟另一套特別構造的科學化的所謂理想語言，毫無關聯，即是說，那套人工構造的語言跟形上問題所使用的語言，毫無相干性、毫不相應，故所構造的理想語言，並不能用以化解形上問題。第二，設使一套嚴格的、科學化的語言被構成，且用來釐清或化解形上問題，但我們對形上問題所使用的日常語言（縱使是扭曲了的），仍要先有精細的了解；換言之，要對日常語言先作分析和考察，否則，那套科學語言根本無法銜接得上。最後，日常語言是「活的」、具有多樣性、以及負擔多種不同的功能，而人工構造如「電腦語言」一樣的理想語言，是定型化的、單一性質的、且是封閉的，故理想語言所能觸及、所能處理的範圍和層面，相較於日常語言所觸及、所處理的範圍和層面而言，是極其有限，而終流於狹隘和片面❸。

　　史陶生的意思是，卡納普之企圖構造一套科學語言以分解形上問題，是行不通的，而縱使真要這樣做，那對日常語言作分析，

---

❸　參見 Strawson, "Analysis, Science, and Metaphysics", in Richard Rorty, ed., *The Linguistic Turn* , pp. 312-320.

又是不可缺少的第一步，但是，當我們一旦釐清和了解了日常語言的意義和用法之後，那些形上問題之如何會產生，我們亦獲致了解而不再有困惑，此時，那套形式化的、科學化的人工語言也便不必要了。

史陶生對卡納普的批評（或質疑）， 也適用於整個理想語言學派及理念相類似者如塔斯基 (Tarski)、 蒯因、和達衛臣 (David Davidson)等。前者（卡納普及博文等）以科學語言為典範，後者則以形式邏輯為規準模型(canonic model)。但無論何者，他們都必須接受一個無可逃避的事實，這就是：「要掌握那些專門學科的『理論概念(theoretical concepts)』， 必須預設和依賴於對日常生活的『前理論概念(pre-theoretical concepts)』的掌握。」❹質言之，不管是科學概念或邏輯格了和程式，它們的構成（源起）以及它們的落實應用，都預設了粗糙的、非專技的，但卻是在現實生活中有效使用的日常語言（概念），因此，對日常語言的分析和了解，是首要和不可避開了。

史陶生是偏向日常語言分析的，這是事實。然而，他亦並非完全認同日常語言分析的各種想法和做法。日常語言分析的其中一派，是所謂「治療式分析(therapeutic analysis)」， 其目的是要把哲學家在提出或思考哲學問題時所犯的語言或概念上的混淆與錯亂，藉著分析而一一揭露出來，然後予以矯正。維根斯坦的一句話，也許是治療式分析的靈感泉源，他說：「哲學家之處理一個問題，就如處理一個疾病。」❺史陶生對這種像治療師一般的分析

---

❹ Strawson, *Analysis and Metaphysics* (Oxford: Oxford University Press, 1992), p. 21.

工作，認為是「十分不可行，也許甚至令人震驚；最低限度是太誇張而又片面。」❻他的意思是，縱使哲學家犯了語言和概念上的混淆和錯亂，但也未至於像一種疾病需要醫師來治療這麼嚴重吧！這些分析家又宣稱，他們不建立理論系統，也不提出什麼學說，只根據日常使用的語言和生活常識來進行分析，這就是分析哲學家的本份工作。史陶生對此也提出反駁說：「也許有一點弔詭，但我們仍可反問：這個學說，難道本身不也是從哲學觀點而關乎「生活形式(forms of life)」的一個學說嗎？」❼他的意思是：回歸於日常用法而決定語言的意義，此本身也就是一種哲學學說，如果是這樣，則這種日常語言哲學本身也要受到哲學的探究和討論，是以我們可以追問，日常語言能夠引導我們到何處？能夠揭露什麼道理或實在(reality)給我們？難道日常語言便是終點、便是一切哲學活動的最後歸宿嗎？

史陶生指出，一般的日常語言分析（他自己除外），最大的缺點就是它的淺狹性和局部性；淺狹是不夠深遠，局部是不夠普遍。史陶生說，「在某個程度內，仔細地考察語言文字的實際用法，的確是最佳也是唯一可靠的哲學方法，但……〔僅是這樣做〕卻不夠普遍、也不夠深遠……。」❽史陶生所謂「不夠普遍、不夠深遠」有兩層意思，其一是相對於他自己的分析工作言，關於這點，

---

❺　Wittgenstein, *Philosophical Investigations*, tran. by G. E. M. Anscombe (N. Y. : Macmillan Co. , 1953; 3rd edition, 1968), §255.

❻　Strawson, *Analysis and Metaphysics*, p. 3.

❼　同上，頁27。

❽　Strawson, *Individuals*, p. 10.

我們在下一節作詳細的說明。另一層意思是：所謂日常語言分析，實際上是以英語系統為標的對象（理論上固沒有人敢如此規定），但無論以那個自然語言系統為標的對象，其由分析而得的任何陳述，亦只能局限於該系統，因為每個自然語言系統都有其自己的文法、慣用語、和表達方式。再者，一般日常語言分析，最多是觀察到語言在使用中所表現的行為和意義，但如果在此語言的表面底下另有真相的話，則此種語言分析（如奧斯丁所為）永遠都不能發掘出來，這是所謂淺隘性的實義之一。

　　總括地說，史陶生在整個分析哲學的潮流中所採取的立場是：理想語言的計劃，不切實際，並不可行；而日常語言分析有極大的局限性，難成大器，但在一定限度內，它是可資利用的始點。如果分析哲學（不管那一派）的目標只在清除形上學而沒有正面的建樹，則最終是沒有出路的，史陶生清楚地、有先見地看到這一點。

第三節　語言與思維

　　分析哲學的兩大主流，彼此固有不同的意見和做法，但二者的工作目標，卻是相同的，此即化解形上問題、防止形上問題和語句的出現；簡言之，就是要清除、消滅形上學。分析哲學之所以出現，在極大程度上，可以說是對形上學的一個反動，因此，就分析哲學的目標和緣起而言，它與形上學是勢不兩立的；它的角色是反面的。

　　弔詭的是，語言分析落在史陶生手中，卻成為進入形上學的

法門：他從日常語言入手，分析其使用的必要條件，以求發現人
類最基本、最普遍的思維結構，他說：「語言表式的實際使用，仍
然是他〔按：指他自己〕與實在……的唯一和實質的接觸點；那
實在，就是他所希望了解的思維實在(conceptual reality)。」 ❾ 他
所了解到、發現到的，就是那由殊相、共相、和時空所合成的思
維結構❿；而此思維結構，也決定了存有的結構⓫，此所以說語
言分析成了進入形上學（知態形上學）的法門。

　　然而，從語言到思維結構，必須認定二者之間有緊密的關聯。
如果從語言這方面為著眼點，則此關聯便可被視為是語言的重要
特性，而對此關聯的論述，乃正是史陶生語言哲學的核心，也是
他整個哲學體系的一個必要環節。

　　我們從史陶生的下面一段話開始。他說：

> 當我們問自己，我們是怎樣使用這個或那個語言表式時，
> 我們所給出的答案……都傾向於假定——而不是曝露——
> 該形上學家所要揭示之結構的某些普遍成素；他所尋求的
> 結構，並非展示在語言的表面，而是沉潛於其下。 ⓬

語言之使用與思維結構間的關係，並非是一種互相對應表裏關係，
如果是這樣的關係，則我們很容易從觀察或描述語言的結構便可

---

❾　Strawson, "Analysis, Science, and Metaphysics," in Rorty, p. 320.

❿　本書第二、三、四章，已有表述。

⓫　這根據「三相對偶說」，見本書第一章第五節。

⓬　*Individuals*, p. 10.

得知思維的結構，這固然是經驗的語言學家(empirical linguist)和「描述的分析家 (descriptive analyst)」所認為的。但史陶生所要尋求的思維結構，其與語言使用之間，有一種邏輯關係——「假定」，就是說，我們必須假定我們的思維有某種基本的結構，否則，我們之如此這般地使用語言，乃是不可能的。這裏所稱的「假定」，實是指「預設(presupposition)」❸；換言之，語言的某些使用，需要預設思維的某種基本結構做為其使用時的必要條件。因此，史陶生的語言分析不能停留在語言的表面，而要更深入的挖掘其預設的必要條件，而當語言分析再「不能引領他到他想去的地方的話，那就要放棄他唯一可靠的指引」❹，而接上去的，是哲學的論證。

　　史陶生所已證立的語言與思維間的邏輯關係（即前者預設後者），並不是全面性的，而是「點與點」的，但這兩「點」，他認為是最基本、核心的。在語言方面言，那就是最基本簡單的單稱命題，其中僅由一個特指表式和一個普遍名辭(general name)所組成，例如「孔子是聖人」。但如果「孔子」這專屬名辭能成功地被使用的話，則在經驗中必須存在一個且僅是一個相應的個體（即存有論中所謂殊相），否則「孔子」一詞便無實用，依照這樣的論證方式（即超越論證），史陶生乃過渡到那關係的另一端，即思維

---

❸　史陶生在 "Analysis, Science, and Metaphysics" 一文中幾乎一模一樣地重複上引的一段話（見❷），但在該文，他就明白地說「預設 (presuppose)」而不再含糊地說「假設(assume)」。見Rorty, ed., *The Linguistic Turn*, p. 319.

❹　*Individuals*, p. 10.

的基本結構，而在這一端他所發現的，乃正是殊相（即經驗中的時空項目）和共相（即概念）的連結體**⓯**。

第四節　指涉理論(Theory of Reference)

上文（第二及三節）所表述的，是就史陶生語言哲學整體而言的特性，而在其語言哲學中，也有一個非常突出的理論，此即指涉理論，也可稱意義理論(Theory of Meaning)，這是史陶生語言哲學的主要內容，而在分析哲學界亦曾引起廣泛討論和爭議。此理論的基本主張，是語言表式的「意義」與其「使用(use)」要截然區分，由於作了此區分，乃衍生關於某類語句的真／假值問題，環繞此問題或相應此問題，又形成了所謂「真值空隙論(Theory of Truth-Value Gap)」和「存在預設理論 (Theory of Existential Presupposition)」。史陶生的指涉理論即由這三個部份組成，同時亦示現了他語言分析的特色和做法。

史陶生在一篇著名的論文〈論指涉〉**⓰**中批評羅素對空類(null class)的特定描述分析不當,在其批評中,史陶生把語言表式的「意義」與其「使用」截然分開,二者各有其決定因素和屬性,他說:「去談及一個表式或語句的意義，並不即是談及它在某情況下的使

⓯　關於整個論證和分析的各項細節，在本書第二、三章，特別是第二章第三節，已有詳述。

⓰　Strawson, "On Referring," in *Mind*, Vol. LIX, 1950; reprint in Strawson, *Logico- Linguistic Papers* , pp. 1-27.

用，而僅是談及規範其正確使用的那些規則、習慣、和成規。」**⑰**

　　一個語句之是否有意義，就在於它是否符合那些規則、習慣、和成規，而它的什麼意義，也是根據相干的規則、習慣、和成規來解釋，簡言之，一個語言表式，只要它合乎文法、合乎慣用的語意和語法規則，它便是在其語言系統中一個有意義的表式，因而，所謂「有意義」就是：合乎語言表式正確使用的一般指示(general directions)。依此，「意義」與「使用」也並不是完全無相干，因為「意義」是指「使用」的規範，但也很明顯，「有意義」不等於「有使用」，正如我們可以具備了某行為的規範，但並不表示我們做了或一定要做該行為，是以一個有意義的語言表式，可能只「擺在那裡」而沒有被使用。

　　史陶生非常重視語言的「使用」，這是他語言分析的路向，很可能是從後期維根斯坦獲得啟發而然，但也不能說他對「使用」的了解完全是「維根斯坦式」的。

　　在〈論指涉〉一文中，史陶生對於「使用」的構思，似乎仍未發展完備、成熟，但雛形已定。一個語言表式之獲得使用，最起碼的條件是有一個情況(occasion)，有人（即講者）「用」它──可以是寫的或講的(utter)──來談及(mention)或指涉某人、事、物**⑱**。很明顯的，可能會有兩個人，講寫同一個語句，用來談及

---

⑰　Strawson, "On Referring," in *Logico-Linguistic Papers*, p. 9.

⑱　參見同上，頁 7-9。史陶生事實上是作了「意義─使用─講寫(utterance)」的三分。但「講寫」這一分項，並不是關鍵性的，且亦不能自成一格，因為有使用就涵蘊了有講寫，而沒有人講寫，也涵蘊了沒有使用。「講寫」一項是不必分立出來的，故本文不予多

或指涉同一的人、事、物，例如張三說「孔子是聖人」而李四也說「孔子是聖人」，他們都是談及孔子。這個情況，就是同一個語言表式，被兩次講寫作同樣的使用。但是，如果張三說「我是聖人」而李四也說「我是聖人」，此時的情況，便是同一個語句，被兩次講寫，作了兩種不同的使用，因為張三所講的「我」，指的是張三自己，而李四所講的「我」，是指李四自己，是以同樣的語言表式，有了不同的指涉，故它有了不同的使用。以上是語言表式被使用的二個情況，循著同樣的分析方式，如此類推，便可列出更多的使用情況。

史陶生的分析，其要點就是：語言表式與該表式之使用是兩碼事；就該表式本身言，可有「有意義」或「無意義」可言，「意義……是語句或表式的涵值」❶，而若就表式之使用言，則有該使用是否談及什麼、能否指涉某特定對象、是否作了真（或假）的斷言等問題，故說「談及、指涉、和真／假是該語句或表式的使用所關聯的涵值。」❷

根據如此的區分，史陶生批評羅素混淆了意義與使用，而導致他對某一類語句做成不當的分析，這類語句就是以特定描述(definite description)為主辭❸而其份子為空類(null class)的主謂

談。

❶ 同上，頁9。

❷ 同上。

❸ 在英文，特定描述是以"the so-and-so"的方式呈示，例如"the man,""the present king of France"等等。在中文，我們用「該人」、「該法國皇帝」、「該作者」等來表示。

式語句，羅素以「當今該法國皇帝是禿頭的」這語句為典型代表之一❷。照羅素的邏輯分析(logical analysis)，任何人斷言這樣的語句，就是斷言下列三個命題：

　　⑴最少有一個人是當今法國皇帝

　　⑵最多有一個人是當今法國皇帝

　　⑶任何是當今法國皇帝的人是禿頭

　　這三個命題當然可以符號化，而三者的「邏輯結合」(logical conjunction)，跟原來的語句是邏輯地等價的(equivalent)。依照簡單的邏輯便可知道，如果那三個命題中只要有一個是「假」的，則整個邏輯結合也是「假」的。而又因為這結合是等價於原語句，故原語句便亦是「假」的。然事實上（假定之亦可）當今沒有法國皇帝，即命題⑴是假命題，亦即是說，那特定描述「當今該法國皇帝」無所指涉，依此，羅素把該語句「當今該法國皇帝是禿頭的」，判定為假。推廣之，任何同類的語句都是假的❸。

　　史陶生注意到的，就是那特定描述「當今該法國皇帝」無所指涉，而照他自己的分析，既無所指涉，則該描述就是沒有被使用，而整個語句，也沒有被使用，因為它根本沒有談及任何人、事、物，既如此，則這個（及這類）語句，亦無所謂真／假可言，

---

❷　羅素亦使用" The author of *Waverley* was Scotch"（該《華弗利》一書的作者是蘇格蘭人）為實例。

❸　以上分析，見 Bertrand Russell, *Introduction to Mathematical Philosophy*, chap. XVI; reprinted in Robert R. Ammerman, ed., *Classics of Analytic Philosophy* (Bombay, India: Tata McGraw- Hill Co. Ltd., 1965), pp. 15-24.

就只能是「無真／假可言」，而羅素是把意義和使用混淆了，才會作出這樣的分析和判定❷。

我們的重點，不在二人之間的論辯（事實上，這個爭辯在分析哲學界曾有過熱烈的回響，形成各有各的支持群，而在史陶生，這個議題也盤旋了多年的時間），而在史陶生關於語言的使用之理論。實質上，史陶生所說「使用」，不僅僅是「使用」，而是「成功的使用」，那「不成功或失敗的使用」，就不算是「使用」，亦即實際上沒有被使用。正因為這個理由，縱使有人說了「當今該法國皇帝是禿頭的」，但因為「當今該法國皇帝」這特定描述無所指涉，那就是失敗的使用，故亦不算是有所使用。

然則專屬名辭及特定描述等，即史陶生所稱的特指表式要符合什麼條件才算是被使用（成功地使用）？這個問題十分重要，其答案也十分複雜。

首先從理論上言，特指表式之所以可能，換言之，特指表式之可以被用來指涉到（成功地）個別的人、事、物，就必須預設一個以殊相為存在元目的時空體系，因為特指表式是要引介某個獨一無二的人、事、物（即殊相），而能保證（理論上）該殊相之獨一無二性(uniqueness)者，就是其時空定點，故一個以殊相為存在元目的時空體系，就是為特指表式之使用之所預設者。這個論證，亦正是史陶生由語言分析轉入形上學的途徑，而我們已有較

---

❷ 羅素對史陶生之如此分析和批評，曾作出很不客氣的反駁和回應，此見於 Russell，*My Philosophical Development*, chap. XVIII, Part III; reprinted in Ammerman, ed., *Classics of Analytic Philosophy*, pp. 335-339.

詳細的表述❷，在這裏不再重複，進而考慮另一層面的條件。

　　就實際的語用情境言，當講者使用一特指表式時，他是面對某個（或某群）的聽者（或讀者）意圖作某種溝通或斷言，他必須假定聽者對那個被談及的人、事、物有起碼的知識，這樣，講者所指的，及聽者所了解到的，才能是同一個對象。如果聽者對那被談及的人、事、物完全一無所知，則聽者亦根本不能知道講者所指的是什麼，若如此，那講者所使用的特指表式，是失敗的使用❷。我們可構想一個例子來說明：想像我們對一個完全沒有電腦知識的人（沒有見過、沒有聽過任何電腦或有關書籍的人）說：「那塊三十六位元晶片出了問題」，則我們也可想像他根本不知我們在談及什麼、指的是什麼，如此，我們的特指表式「那塊三十六位元晶片」就沒有成功地被使用。

　　此外，仍有一個更重要的預設，即史陶生所謂的「存在預設」。當我們使用一特指表式企圖跟聽者作溝通時，我們是預設了那被談及的對象是存在的。在日常的、正常的語境中，我們彼此使用語言，是互相溝通和談及實實在在的人、事、物，因此，最少在講者方面言，當他使用一特指表式以企圖指涉某一特定對象時，他是已經認定或知道或假定了該對象之存在，史陶生說：

　　　　專屬名辭或特定描述所要指涉的個別物項，其存在……並不是講者所斷言的一部份……而卻是他所要作的斷言的預

---

❷　見本書第二章，特別是第二，三節二節。

❷　關於這個分析，參見 Strawson, "Identifying Reference and Truth-Values," in *Logico-Linguistic Papers*, p. 76-78.

設。㉗

同時，講者又既已假定聽者對所談及的人、事、物有了起碼的知識，在此假定下，講者亦無須再向聽者斷言該人、事、物之存在，而是預設了它（他）的存在㉘。

若這個「存在預設」不成立的時候，如「當今該法國皇帝是禿頭的」一語句，則整個語句便沒有真假值，即它是處在「真值空隙(truth-value gap)」中㉙。史陶生又指出，當講者使用一特定描述時，「他就有責任去作出一個真命題，故而其特定描述所要指涉的物項，他已含蓄地承認其存在……因此，他那以存在命題形式而表示的承諾……不可理所當然地看成是他所作的命題（或斷言）的一部份。」㉚如果該物項果不存在，則那講者所講或寫的語言，就是「根本沒有斷言任何命題」㉛，此時，他所作的語句，故亦談不上是真是假，因為他實在是沒有講及任何事物。

總結而言，史陶生的指涉理論，主要是對實際的語境作分析而得，「使用」是語用學(Pragmatics)的概念，它依賴脈絡的分析(contextual analysis)，這便考慮到實際情況、講者、聽者、心理、

㉗　同上，頁80。

㉘　在這個有關「存在」的議題上，史陶生與羅素又有不同。史陶生視該物之存在是特指表式使用時的預設，而羅素則視之為語句的其中一部份。但史陶生在〈論指涉〉一文批評羅素時，仍未提及此「存在預設」的分析。

㉙　見Strawson, *Logico- Linguistic Papers*, p. 82.

㉚　Strawson, *Subject and Predicate in Logic and Grammar*, p. 64.

㉛　同上。

社會文化等諸多「邏輯外(extra-logical)」的因素。相對地，羅素及卡納普等人，則是把語言抽離於上述因素以外而對語言作純邏輯的分析。這是兩條路數，借史陶生一句話說，「各皆有理」❸❷。

---

❸❷ Strawson, *Logico-Linguistic Papers*, p. 3. 此語只是借用，不是引用來代表史陶生之本意。

第七章　綜論史陶生哲學

第一節　史陶生哲學的中心思想

　　如果有一套哲學思想可以命名為「史陶生哲學」(The Philosophy of Strawson)，自然就會有人問：這套哲學的中心思想是什麼？它的主張是什麼？它又有什麼特點？等的問題。這些問題是合法而且必要的，正如我們面對「休謨哲學」、「康德哲學」、「維根斯坦哲學」等時，也有必要問同樣的問題，而幸好我們對這些過去的哲學家的思想，都已有相當充份的掌握而能娓娓道出他們的中心思想、重要主張和特點，但就史陶生的思想言，這些問題卻仍有待解答。之所以如此，部份原因是外在的，即史陶生仍是在世哲學家，他的哲學思想當然不可能跟休謨或康德或維根斯坦或其他前人的思想一樣，經歷過長時間的被研究和討論，事實上，哲學界對史陶生哲學作專門研究和討論，也沒有太長的歷史❶。此外，另有部份原因是內在的，就是：史陶生並不是一個

---

❶　目前有三部論文集是關乎史陶生哲學的，分別是：(i) Straaten, Zak Van, ed. *Philosophical Subjects: Essays Presented to P. F. Strawson.*

「系統建構型的思想家」(system-builder)，但此評語要詳細說明。

史陶生在他的〈學思自傳〉中寫道：

> 我從未構成、亦沒有冀求去構成一套有如康德或斯賓諾沙
> 這些偉大形上學家所建構的那樣涵蓋和整合的系統……相
> 反地，正像摩爾的自述一樣，我常被一些一看便覺其荒謬
> 或明顯錯誤或失之偏頗的哲學觀點所驚動……也時常有像
> 靈光一閃的剎那，使我對某些心中模糊的想法突然獲得洞
> 見……。❷

去建構一套龐大的、無所不包的哲學體系，並不是牛津分析學派
的傳統，相反地，他們正是要點點滴滴地去弄清楚一個或一些概
念或語言的意義或邏輯，如果要用另一種語氣來說，他們就是用
心於批判和分析既有的東西，而無企圖去構思一個哲學體系。史
陶生的哲學思想，自然或多或少承襲了這種牛津學派的特色或精
神，借用一個俗語來比喻說：只要讓他（史陶生）看到「不順眼」
的東西（哲學觀點），他就來個批判。

史陶生的哲學思想，是否就全是零零碎碎地散見於他對別人

Oxford: Clarendon Press, 1980. (ii) Sen, Pranab Kumar & Verma,
Roop Rekha, ed. *The Philosophy of P. F. Strawson*. New Delhi:
Indian Council of Philosophical Research, 1995. (iii) Hahn, Lewis E.,
ed. *The Philosophy of P. F. Strawson*. Chicago, Illinois: Open Court,
The Library of Living Philosophers, 1998.

❷ Strawson, "Intellectual Autobiography," in Lewis Hahn, ed., *The
Philosophy of P. F. Strawson*, p. 19.

的批判及與人的議辯中而無一核心主張？這又絕對不是。史陶生有別於典型的牛津分析之處，正在於他是有所建立的；史陶生有一套哲學，直可稱為「史陶生哲學」。

史陶生哲學的中心思想，有兩個相關的理論，其一是我們所稱的「三相對偶學說」❸，另一則可稱「主‧謂辭的形上理論」。

三相對偶說認為人類思維，有一基本結構，此是對偶式的結構，之所以是三相，因為它在三個領域以三種不同的面貌顯現出來：在形上學，它是殊相‧共相的對偶；在知識論，它是個別物項‧概念的對偶；在邏輯，它是主辭‧謂辭的對偶。

這學說有很多重要的含義。首先，從傳統到現代的形形式式的唯名論及唯實論，都是企圖把對偶的一方化約到另一方，或把其中一方化解，使其失去實質的對等地位，但如果說人類思維的基本結構是對偶式的，則這些化約或化解的企圖，使絕無成功之可能，換言之，个管何種形式的唯名論或唯實論，都將無法在理論上獲得確立。其次，以三相對偶為核心的「描述的形上學」，實際上不只是一套形上學，而更是一套貫通形上學、知識論、邏輯和語言的整體性哲學，形成了一個史陶生所謂的「哲學三合組」(philosophical trio)❹，重要的是，它打破了傳統的硬性區分和僵化的區隔思維，這種區隔思維以為存有論、知識論、和邏輯可彼此獨立、相互無涉地探討自己領域內的問題，這在某一程度內是

---

❸　見本書第一章，第五節。

❹　Strawson, "Logic, Epistemology, Ontology," in P. F. Strawson, *Analysis and Metaphysics* (Oxford: Oxford University Press, 1992), p. 51.

可以的，但在根本處，三個領域有一內在的關連，任一領域內的某些重要結論，亦一定牽動其他兩個領域。明顯的例子是，有邏輯家認為邏輯是無涉於存有論的(logic without ontology)，但依史陶生的三相對偶學說，這種不涉存有的邏輯，是不可能出現的。

「主・謂辭的形上理論」可說是史陶生哲學的靈魂❺，原因在於這個理論，一方面它動員了史陶生在存有論、知識論、和邏輯理論的主要成素，沒有了它，則史陶生在這三方面的立論實在是難於具體地連接起來；另一方面，三相對偶說之能具有實際意義，亦有賴於這「主・謂辭的形上理論」，若沒有了這理論，則三相對偶說亦將只是一個空洞無物的主張而已。

這個理論，是藉著存有論中的殊相和共相的區分和結合，來說明和證立邏輯主辭與謂辭之區分和結合。史陶生以最簡單的命題（即單稱命題）為典範，指出其主辭之所以為主辭，就在於它引進一殊相，而謂辭則是引進一共相，今殊相和共相是存有的兩個範疇，故邏輯中主辭和謂辭的區分，是有存有論的根據的，因而亦不是可以任意規定或取消的❻。事實上，縱使史陶生對甚多哲學、或邏輯、或語言的問題感到興趣，亦曾發表意見，但在眾多議題當中，有關主・謂辭的形上基礎，的確是他哲學思想的中心議題❼。

---

❺ 見 Chung M. Tse（謝仲明），"Strawson's Metaphysical Theory of Subject and Predicate," in Lewis E. Hahn, ed., *The Philosophy of P. F. Strawson*, p. 373; p. 381.

❻ 詳情見本書第五章。

❼ 見Strawson, "Reply to Chung M. Tse," in Hahn, ed., *The Philosophy*

總結地說，史陶生哲學的核心思想或主張，就是三相對偶說和主・謂辭的形上理論；這兩個學說合起來，便可中肯地點出了「史陶生哲學」的精髓。

史陶生主・謂辭的形上理論和三相對偶說，有很重要的哲學含義，特別是史陶生所涉入的領域——邏輯哲學——為然。此中有一個很基本的問題，這是關乎於邏輯這門學問(science)的性質或性格的問題：它是否只是一套依某些約定俗成的規則而運作的符號系統？它跟「實在(reality)」有否關連？正如蒯因說：「邏輯有否概錄了『實在』的最普遍特徵，抑它只是語言約定下的產物？」❽

關於這一連串的問題，有一個廣泛流行的看法，稱為「語言約法主義(linguistic conventionism)」（有稱約定主義），以韓斯漢(Hans Hahn)和卡納普為主要倡導者。這觀點認為邏輯就是一套語言系統——是後設的(meta-)而不是對象語言(object-language)系統。這系統是根據約定的法則(conventional rules)——主要是定型法(formation rules)和轉型法(transformation rules)——而建成，這即卡納普所稱的邏輯語法 (logical syntax)，因而，一個系統之為如何的系統，主要便是取決於它的約定法之為如何及有那些，而亦因此，如果有多組不同的約定法，則亦會有多個不同的邏輯(語言) 系統，如卡納普在《意義與必然性》所列舉的L_1、L_2、L_3等等❾。

---

of P. F. Strawson, p. 383.

❽ W. V. O. Quine, *Philosophy of Logic* (New Jersey: Prentice-Hall, Inc., 1970), p. 96.

另一個關於邏輯性格的概念，是蒯因所提的所謂「連續主義 (Gradualism)」 ❿。蒯因認為，邏輯與自然科學之間，並無一道鴻溝把二者分隔開來。傳統及一般上，把邏輯（和數學）視為是與經驗事實無涉的先驗(a priori)科學；而把自然科學定位為是一種建基於經驗事實的經驗科學，二者性格上截然不同。蒯因認為這樣區分十分不對。在蒯因的了解下，自然科學固是較靠近經驗觀察或事實，但邏輯（和數學）卻並不是與經驗觀察絕緣，而只是較遠而已，換言之，這裡只有經驗性格在程度上的漸次遞減或遞增，而沒有在性質上的截然二分。因此，我們甚至可以考慮「修改邏輯以協助〔解決〕量子力學〔中的問題〕……原則上，邏輯並不比量子力學或相對論更為確定不移。」 ⓫蒯因要打破傳統「邏輯v.s.經驗科學」的區分（這相類於萊布尼茲所作的「理性真理v.s.事實真理」的區分），是繼他要打破「分析命題v.s.綜合命題」的區分 ⓬之後的自然的後續發展。

卡納普和蒯因對邏輯的性格的看法，可說是南轅北轍，但我們在此，並不著重他們說什麼，而是關心到他們理論所隱含的一些哲學涵義。首先，不管照卡納普或蒯因所言，邏輯都將失去其

---

❾ 參考 Rudolf Carnap, *Meaning and Necessity* (Chicago: The University of Chicago Press, 1947).

❿ 這名字是蒯因自道，見Quine, *Philosophy of Logic*, p. 100.

⓫ 同上。

⓬ 蒯因批評說，這「分析v.s.綜合」的區分，乃只是經驗主義者一條自打嘴巴的教條，它實只是一個形而上的信仰而已。見 Quine, "Two Dogmas of Empiricism," in *From a Logical Point of View*, 2nd edition (New York: Harper & Row, Torchbooks, 1963).

必然性，即是說，邏輯定律再不能享有如康德所說的先驗的嚴格必然性。因為，在卡納普而言，所謂必然真理，是指在某一系統內，由其法則所界定或導出的述句，故所謂必然真理，乃僅限於該特定系統內，但重要的是，系統可能亦可以有多個、約定法亦可有多套，而這些約定法本身，並無必然性，或者更準確地說，它們本身無所謂必然／不必然的問題——「必然性」這概念，根本不能用在它們身上。質言之，我們並無一套必然的邏輯、亦無一套邏輯必然是有某些特徵者，而在多個系統競爭的情況下，我們只有訴諸實用的考慮——即以簡單、有效、明確、使用方便等的因素，來作選擇。在蒯因而言，邏輯之不具先驗的必然性，已經是明白地宣告出來，因為在他看來，邏輯是具有經驗的性格，邏輯的規則或定理，沒有必然為如「此」而不能如「彼」者，故要修改它，就如同修改一條物理學定律一樣，不足為怪。

在這裡，史陶生的哲學——特別是其主・謂辭的形上理論，便顯現出其對這種潮流的抗拒性。史陶生認為，我們語言之有如此這般的實際使用、我們邏輯系統之有如此這般的基本構造，這都不是偶然的、不是任意取決的，而是有其必然性、有其形上的根據，而此根據，就是一個存有的架構(ontological scheme)，因此，並不是邏輯系統或語言系統之選擇決定「存有」，而是「存有」的架構決定了任何邏輯或語言系統中的基本結合單位，這就是主・謂式的結構。照史陶生的理論言，邏輯運作的最基本的意義單位，是簡單的單稱命題，即最簡單的主・謂式命題，而此種主・謂式的結構，正是我們思維的基本結構的反映，因此，無論我們設計怎樣的邏輯系統、用種種不同的符示方式（例如"Fx"；"ϕy"

等等），或如何修改我們日用中的邏輯法則，但最少有一項是無可改變的，那就是對偶式的結構單位，這樣的組合或結構，是必然的。當然，這種必然性不是邏輯的必然性，而是形上的必然性。史陶生的哲學，其重要意義之一，乃是對抗著那些十分流行的約法主義、經驗主義、和實用主義，而這些思潮，把邏輯的根基，轉移在一些流動的、偶然的、甚或任意(arbitrary)的場地上，史陶生最低限度是力圖把邏輯再安立於一個穩固的基礎上。

第二節　史陶生思想的獨特性

史陶生在二十世紀英美的哲學潮流中，佔一席很特殊的位置，因為在個別的哲學議題上，如存有問題、共相問題、心物問題、邏輯的性格問題、康德哲學中的問題等，史陶生的論點，都與眾不同，自成一格。在某一觀點言，他是很孤單的；他沒有吸收到一批追隨者或同路人以成一所謂「學派」❸。但在另一觀點言，他的哲學富有原創性，也敢於探討新的途徑而充滿「個性」。他的哲學，受很多方面（及人物）的影響，但從來都沒有「老老實實」、「乖乖地」（比喻語）跟著別人走；在他的邏輯理論中，有亞里士多德的影子，但不是被亞氏影子所籠罩；他的知識論有明顯的康德成素，但也有同樣明白的反康德主張；他的語言哲學是順著後期維根斯坦的方向，但又不是走在維氏所規劃的道路上；他承認

---

❸　史陶生自述：「我享受掌聲，但沒有期待或願望有一批門徒。」　見 Strawson, "Intellectual Autobiography," in Hahn, ed., *The Philosophy of P. F. Strawson*, p. 21.

（也被定位）為牛津分析哲學家，但他跟牛津分析的其他同僚，理念又不同。他的哲學活動，也富於挑戰性——向別人挑戰：他批評過羅素對於特定描述的分析、批評過蒯因要把單稱辭在邏輯中消除之計劃、批評過卡納普要構造一套科學語言的企圖、批評過莊斯基(Chomsky)的「轉型文法(transformational grammar)」、也曾間接或直接地評論萊爾和奧斯丁的某些做法或觀點，總言之，他在分析哲學界中，看起來是十分「好辯」（借孟子語）。以下，我們看看史陶生在一些重要議題上的獨特性——他之如何與眾不同、如何好辯。

關於存有問題，即「究竟什麼東西存在？(What is there?)」，分析哲學家和邏輯理論家有其不同於傳統的處理方式。蒯因這樣主張：「存在就是做為邏輯變項之值而存在 ("To be is to be the value of a variable")」❹，表面上的意思是：在量化邏輯格子 ($\forall$x) Fx及($\exists$x) Fx中，'x'是被量化(quantified over)的變項，而代入此變項的，是為其「值」，質言之，要問什麼東西存在或可以存在，蒯因的答覆是：只要能夠代入那邏輯變項而成為其「值」者，就是存在的；如果不能，那「它」就不能被接受為存在物了。蒯因的程式，有深一層的含義：這程式是要把共相（例如性質）排除於存在領域以外，因為能夠做為該兩邏輯變項之「值」的，就第一序邏輯而言，就只能是個體（殊相）a, b, c, d 等等，當然，要強化這種主張，蒯因自然也反對那邏輯格子中的涵值"F"，有

---

❹　W. V. O. Quine, "On What There Is," in his *From A Logical Point of View*, 2nd edition (New York: Harper & Row, Torchbooks, 1963), p. 15.

任何存在的指涉，更反對那變項 "x"，可以用遍稱辭代入⑮。直言之，蒯因是從邏輯方面切入，以企圖否定共相的存在地位。這個立場，一般稱為「邏輯唯名論(logical nominalism)」，史陶生則視之為「存有的化約論(ontological reductionism)」⑯之一型。

化約論的另一型態，可以以萊爾為代表。他認為所有似乎是關於共相的述句，都可以分析為是關於殊相（個體）的。例如述句「顏色涵涉廣延」，可以分析成說「凡是有顏色的東西都是有廣延的」，結果就是，「顏色」此一共相被化解掉，取而代之的，就是一全類的個別殊相（即「有顏色的東西」）。萊爾斷言，「遍稱辭從來都不真正是屬性主辭的名字」⑰，他認為我們使用遍稱辭的方式，誤導了我們以為它們實有所指（即指謂共相），這之所以它們是「系統地誤導性的表式 (systematically misleading expressions)」⑱，因為它們的語法形式，跟一個真正實有所指的單稱命題（例如「張三涉及一宗命案」）的形式，一模一樣。萊爾是從語言分析方面入手，以化解共相的存在地位，因為照萊爾的分析下來，所有共相名辭（即遍稱辭），都將無法成為真正的邏輯主辭，這樣，就跟史陶生的邏輯理論，大相逕庭；而遍稱辭其實並無所

---

⑮ 參考 W. V. O. Quine, "On What There Is," in the author's *From a Logical Point of View*, pp. 9–15; 及其 "Logic and the Reification of Universals," in *From a Logical Point of View*, pp. 102–129.

⑯ Strawson, "Moore and Quine," in the same author's Analysis and Metaphysics (Oxford: Oxford University Press, 1992), p. 45.

⑰ 見Gilbert Ryle, "Systematically Misleading Expressions," in Richard Rorty, ed., *The Linguistic Turn*, p. 91.

⑱ 同上。

指，只是虛名而已。

　　此外，另有一些維根斯坦派的哲學家，延伸了維根斯坦「族群類似說」(family resemblance)，此說認為在一遍稱辭涵蓋下的個別份子，其間實無通貫各份子的共同性，而只有鄰近份子的部份相似性。例如有一族群，內含甲、乙、丙、丁四個份子，甲可相似於乙、乙可相似於丙、丙亦可相似於丁，但甲、乙、丙、丁四者之間，卻沒有單一的共同性❶。韋士(Morris Weitz)應用這種分析方法以處理關於「藝術」及「美」的定義問題，他的結論是：「如果我們切實地去查察我們稱為『藝術』的那些東西，我們將發現它們並無共同的性質，卻只有鏈狀的相似性」❷。這裡的含義是：遍稱辭並無共相可指，它們使用的有效性，乃只是建立在事物間鏈狀相似性的基礎上。

　　面對強大的唯名論聲浪，史陶生仍然堅持共相之整全性，承認共相──做為「概念」──的自身存在，但做為概念，共相又必須收納殊相以實質化，即統攝經驗的諸物項以為其內容，依此，共相（概念）亦不是完全可以離開殊相（經驗物項）而能獨立存在，依此，他亦抗拒著柏拉圖式的實在論。化約的唯名論者最不能忍受的，乃是史陶生承認共相有「個體(individual)」的地位──

---

❶　參考 Ludwig Wittgenstein, *Philosophical Investigations*, 3rd edition, tran. by G. E. M. Anscombe (New York: Macmillan, 1968), propositions 66 and 67.

❷　Morris Weitz, "The Role of Theory in Aesthetics," in *A Modern Book of Esthetics*, 4th edition, edited & intro. by Melvin Rader (New York: Holt, Rinehart and Winston, 1973), p. 514.

縱使是第二義的「個體」，承認共相是個體，就是容許共相扮演邏輯主辭的角色，在這點上，史陶生跟邏輯化約論者正好彼此朝相反方向。

在心靈哲學的領域中，史陶生的「個人(person)」概念，亦十分獨特，因為「個人」是被設想成是基本的單一元目，但同時兼具兩種屬性，即心理屬性和物理屬性，而二者互不能化約為對方。這個立場，當然有別於笛卡兒的二元論，這不必多說。史陶生的真正對手，不是笛卡兒（因為他的二元論已被多方面攻擊得體無完膚），而是形形式式的化約論。首先是物理主義(physicalism)，其中一人是卡納普，他企圖把心理謂辭轉換（化約）為物理謂辭，另一人是史邁特(J. J. C. Smart)，他主張「心─腦同一論(Mind-Brain Identity)」，於是，所有關於心靈活動的語言，就要被翻譯成是關於大腦及神經活動的語言。其次是行為主義(behaviorism)，此中與哲學相干的（即心理學的行為主義不在討論之列），是萊爾的邏輯行為主義(logical behaviorism)，他要把描述心理狀態的述句通通轉換為描述可觀察的行為的述句，如此一來，所謂心理狀態便等同於一組可觀察的行為或行為傾向(disposition)[21]。很明顯的，大環境是化約論的聲音此起彼落，而「化約」，在實際上或在

[21] 關於上列理論，參考 Rudolf Carnap, "Psychology in Physical Language," in A. J. Ayer, ed., *Logical Positivism* (New York: The Free Press, 1959), pp. 165–198, 及 J. J. C. Smart, "Sensations and Brain Process," in V. C. Chappell, ed., *The Philosophy of Mind* (New Jersey: Prentice-Hall, Inc., 1962), pp. 160–172, 及Gilbert Ryle, *The Concept of Mind* (New York: Barnes & Noble, Inc., 1949.)

結果上，就是把心靈或心理謂辭消除掉，在這樣的環境中，史陶生的「個人」概念，似乎是維護「人」以免於被物質化的一個企圖，不過，他的聲音卻沒有多大回應，最大的原因，在於他沒有提出有力的理由，以說明為什麼「個人」是兼具心理屬性與物理屬性的存在。

在語言哲學方面，史陶生的指涉理論，非常突出且已建立其權威地位。他將「語言表式」與「語言表式之使用」作出分辨，又把存在命題視為是「成功地使用」的預設。依此理論，他與羅素對空類語句的分析，便有所扞格❷，縱使後來史陶生承認，羅素的分析亦有其立足點，故不能說是錯誤，但史陶生的分析亦能在另一立足點上成立。

第三節　史陶生與康德❷

我們對史陶生與康德作專題來討論，會令人有特殊的感覺，因為史陶生與亞里士多德、羅素、維根斯坦、卡納普、蒯因、萊爾等，在哲學思想或哲學活動上，都有直接或間接、或強或弱的關連，但我們在前面各章都只在適當地方提及而沒有作專題式的討論，今在此對史陶生與康德作專題討論，的確是很特別——不僅在感覺上，而且在事實上也是如此。

---

❷　見本書第六章，第四節。

❷　本節的主要內容，曾以論文形式刊登。該文為〈現象與物自身：從康德到史陶生——論史陶生對康德之批評〉，收於《東海哲學研究集刊》第二輯，頁101-118，東海大學哲學研究所1995年出版。

　　史陶生受康德的影響很大，但他對康德的態度，卻非常「特別」。史陶生這樣說：

　　　　我一定是受了維根斯坦——這個也許是本世紀公認的唯一的哲學天才——的影響，因為我深深地認同他的看法，認為我們〔哲學家〕的本職之一，就是去清楚地了解我們的概念及其在我們生活中所佔的份位……。亞里士多德和康德對我的影響，卻不同於維根斯坦，而在我眼中，他們兩個絕對是我們最偉大的前輩……特別在康德，如果我發現很多東西要拋棄，則我也發現有同樣多的東西要去擁抱……。❷❹

　　的確，史陶生的哲學思想，有甚多的康德成素，他最主要的著作《個體》，其使用的哲學方法，固是語言哲學的分析方法，但在論證其主題(thesis)時，其形式則是康德的超越論證形式。書中所作的殊相與共相之區分及連結，其隱含的背景，正是康德的直覺與概念之區分及連結。史陶生投下最大力量去證定主謂式命題之基本性，其最後支撐者亦是那康德的直覺與概念之對偶。更具體的，乃是《意義的界限》一書，這是史陶生最直接地對康德《純粹理性批判》的解釋。史陶生哲學的外顯性格，是邏輯‧語言哲學，但其內涵質地，主要仍是康德；他的哲學，實是康德哲學與分析哲學的一種創造性結合。史陶生既是分析哲學家，但也可說是二十世紀的一位新康德主義者。

---

❷❹　Strawson, "Intellectual Autobiography," in Hahn, ed., *The Philosophy of P. F. Strawson*, p. 20.

　　但要說史陶生是一個新康德主義者，可能有很多人不同意，包括他自己，因為史陶生對康德學說有甚多不滿的地方，此包括康德的時空超越解析(transcendental exposition)、範疇的形上推述(metaphysical deduction)和超越推述(transcendental deduction)。他甚至批評說：「康德實際上對先驗綜合完全沒有清楚和普遍的概念」❿。但對史陶生而言，《純粹理性批判》中最不可接受的，是其超越觀念論(transcendental idealism)及與此相連的現象與物自身之區分方式。史陶生認為，超越觀念論應予取消或棄置，而現象與物自身的區分，也應有較「科學」的解釋。我們在此不可能對這些議題逐一討論，但關乎現象與物自身的議題，卻是十分有意思的。

　　康德在「超越攝物學(Transcendental Aesthetic)」一部，論證了時空之為純粹直覺形式（即感性之先驗形式），由此而有所謂時空的超越觀念論，依此超越觀念論，奠下了現象與物自身區分之根據。

　　「超越攝物學」的要旨如下：一切知識（或經驗）對象，在其感性成素方面言，是感覺(sensations)和時間空間的綜合(synthesis)，其中時空是做為形式、感覺是質料(matter)。此綜合在未被置於概念之統一時，乃是一「未被決定之對象(undetermined object)」；這些「未被決定之對象」，稱為現象❿。〔現象與

---

❿　Strawson, *The Bounds of Sense*, p. 43.

❿　Immanuel Kant, *Critique of Pure Reason*, tran. by N. K. Smith (London: Macmillan & Co., Ltd., 1st edition 1929; reprinted 1970), B34.

法定象 (phenomena) 並無原則上的差別，後者主要是就現象之被
置入於範疇之綜合統一(synthetic unity)而言，而康德在「範疇之
超越推述」中，證明此種綜合統一是必然的。〕故就現象方面言，
它的形式就是時間和空間。但康德繼續為時間和空間，分別作出
「形上的解析(metaphysical exposition)」，說明了時間和空間不是
什麼，而正是我們感性能力的先驗形式。❷

　　康德這個時空理論，有很多重要的哲學含義，我們在此注意
到的是：第一，我們稱為「外物」的知識對象，及由自覺而知的
所謂「自我」，分析下來，無非都只是我們心靈的表象 (rep-
resentations)，故而做為現象而又被稱為「外物」的對象，並非是
真能獨立於心靈（指認知機能全體）以外的存在物，而當我們構
想那獨立於心靈以外的自存物時，乃便是關於「物之在其自己
(thing-in-itself)」，即「物自身」之構想❷。第二，時空既只是人
類感性能力接受與料(given)的先驗模式，故時空不是事物本身或
事物自己的形式，即不是物自身的形式；而時空本身，也不是存
在之「物」，更不是物自身；離開了人的心靈、離開了人的感觸直
覺，時空根本是子虛烏有。以上便是康德超越觀念論的核心。❷

　　照康德所言，人類通過其僅有的、以時空為形式的受納性的
感觸直覺(sensible intuition)所能認知到的，只是現象；而所謂現
象，本質上又只不過是人類認知機能(cognitive faculties)所呈現及
完成的表象。但康德，正如任何能小心考慮的人一樣，馬上會察

---

❷　關於形上解析之詳細論證，見同上，B37–53.

❷　Kant, *Critique of Pure Reason*, B50–53 及 B518–519.

❷　同上，B521.

覺到，僅提及現象（或表象），　在邏輯上是不完整而在理性上是
不能安的；因為就「現象」一辭的語意，就有一個邏輯要求(logical
demand)以完成這一片語──「某物的現象(appearance of some-
thing)」，亦即有一個合法的問題可以馬上提出：什麼東西的現象？
另就理性的追求上言，它也不能安於說人類所知的只是現象，理
性仍要追問這些現象據何而生、仍要追問究竟什麼東西使我們認
知能力生成如此這般的表象？

　　康德的答覆是：物自身。但這裡得補充說，我們不能就此以
為康德的物自身概念，就是如此單純地為應付那邏輯和理性的主
觀要求而提出，我們只是指出，僅就理論理性(theoretical reason)
的運作領域及其興趣(interest)而言，「物自身」概念之出現，有此
種理論的必然性。事實上，康德賦予「物自身」概念一種非理論
理性、非邏輯、非認知方面的意義，那是一種價值的，道德的意
義。（不過，在此不必涉及這範圍。）

　　康德的答覆，等於沒有答覆。因為康德強調，物自身──如
果真有此種存在物的話──是全然不可知的。物自身不可能成為
知識對象，因為當我們構想物自身為獨立於人類心靈以外的自存
物時，即乃構想它與人類感性能力毫無關係，亦即「它」不是人
類的以時空為其形式的感觸直覺底對象。既然「它」不進入我們
的接收模式，故「它」亦不可能為我們所知。康德說：「對象之在
其自身，以及對象若與我們感性之接收能力脫離，它們會是什麼，
是完全不為我們所知的」❸❶。如此，就人類的認知能力言，所謂
物自身永遠只是「某物」，我們最多可以「想及」它，而不能「知

------

❸❶　同上，B59.

及」它。

縱使物自身不可知，但至少仍可否斷定：物自身是造成現象
（即心靈表象）的心外根據或原因？關於這個問題，康德的言辭
十分曖昧以致時有誤導。例如他說：「雖然我們不能知及(know)
這些對象之在其自身，但我們最低限度可構想(think)它們為物自
身，否則，我們將步入此悖謬的結論，即，有現象而無任何東西
在顯現」 **❸** 。這似乎說，現象是由物自身顯現而成的。諸如此類
的言辭，在康德那裡甚多。故根據「現象」一辭的語意邏輯、根
據知識論的自然推理，再根據康德的種種說辭，任何人都會推斷，
甚至堅持要這樣推斷，說，在康德那裡，物自身就是造成現象的
心外原因或根據。

總結而言，照康德所講的物自身概念，我們似乎可以確定兩
點，此即，第一，物自身不可知；它是在經驗範圍以外，即在我
們的認知能力範圍、及時空格局以外。第二，物自身是（或似乎
是）現象的原因；它是使我們產生心靈表象的心外根據。哲學的
理性當然不能安於康德這樣的答覆，它不能安於就有一個永遠神
秘且放在不知何處的物自身世界，它要排除這種神秘性，亦要了
解物自身怎樣會影響到我們。史陶生也就是這哲學理性的眾多實
例之一。

史陶生對現象與物自身，有其自己的一套理論，並據之而批
評康德的說法。今先表述史陶生的理論。史陶生常常用其他較鬆
散的名詞來取代康德所用的名詞。他使用「真如物(things as they
really are)」與「顯現物(things as they appear)」，即指「物自身」

---

❸ 同上，Bxxvi.

與「現象」；有時亦用「實在(reality)」與「現象(appearance)」來說。不管用什麼名辭，這裡就有一個對照(contrast)。

史陶生認為，這個對照有日常生活上及哲學上的應用，主要是在衡定我們知覺(perception)的正確性。無論何種應用，如果要是有意義的話，則要符合兩個一般條件，此即「指涉之同一(identity of reference)」和「校正觀點(corrected view)」❷，分別說明如下。

當我們說某物是現象，又再說它之如此呈現，不是其真如實相，我們是從兩個觀點企圖指涉同一「東西」：一個是現象觀點，由此而說它是現象；另一是實在(reality)觀點，由此而說它「本身」是如此（或不是如此）。不管說它是現象物或真如物，我們都是對照於另一觀點而言，因為只有對照於另一觀點，說它是現象物，或真如物，才有意義；即是說，「現象」與「實在」必須互相對照，彼此才各有意義。

但對照之能成為相干的對照，必須有一條件，即無論我們稱之為現象或稱之為實在，我們都是要就同一東西而言，兩個觀點必須通過同一東西而互成對照，否則，二者可以互不相干。舉例而言，當我們說「現象Y」時，就含蘊說「現象Y」是「實在X」的顯現，因為光說現象而不（含蘊）說顯現此現象的實在物「X」，乃是無法理解的語辭。既然如此，則「現象Y」和「實在X」是指涉同一東西；不管我們從一觀點稱它為現象也好，或從另一觀點稱它為實在也好，都要是指同一東西，否則，二個語辭便會互不相干。這便是史陶生所謂「指涉之同一」的意思。❸

---

❷　Strawson, *The Bounds of Sense*, p. 250.

❸　見同上，pp. 248–249; 及 pp. 250–253. 史陶生的論述，簡略而隱晦

今對同一東西，有兩個互相對照的觀點，而分別從不同的觀點，我們對該東西作判斷，乃有兩個不同觀點的判斷；這兩個判斷，很自然是不相容，因為兩個觀點是相反相對的。這兩個判斷的其中一個，「在某一意義上，就會是另一觀點的判斷的校正(correction)」 ❸。換言之，其一判斷會被用作準繩，以衡定改正另一判斷；而用作準繩的判斷所由之而來的觀點，即稱為「校正觀點」：一方面它去校正別的判斷，一方面它本身即被視為是正確的。❸

今有兩個觀點、兩個判斷，且一方又是要校正另一方，則顯然地，「那兩觀點……就必須要有共同處，以能有辦法……來確定所指涉而被判斷的東西，是同一東西」 ❸。兩個觀點要彼此確認所談東西是同一東西，就要彼此間有一個共同的指涉架構(framework of reference)；正如兩列平行的火車間有相對運動，究竟誰快誰慢，或誰在動，誰是靜止，就必須有一「第三者的公共的指涉系統」才可斷定的道理一樣。❸

有了以上兩個一般性的條件之後，史陶生便舉出一個符合條件的對照做實例，那就是常識觀點與科學觀點。從常識觀點所知覺到的事物，與由科學觀點所描寫的同一事物，是不相同的；前

不明。以上是對史氏之重表(representation)，其中「現象 Y」與「實在 X」之例，非史氏本有。

❸ Strawson, *The Bounds of Sense*, p. 250.
❸ 同上，pp. 250–251.
❸ 同上。
❸ 這非史陶生提的比喻。

者是現象，後者是物自身。常識中的事物之所以被歸為現象，正是由於科學對同一東西的描寫和說明，指出了我們平常知覺中的事物之所以呈現為如此，乃是我們感官受外物影響而呈現的效應，例如顏色便是這種效應；既然那只是我們感官所起的效應，自然那就不是「事物本身」的樣貌，故我們所知覺到的，便是現象。相對而言，科學對事物的描寫，是就事物本身而描寫，不是憑感官效應來描寫，故科學所陳述者，相對而言，就是物自身的樣貌。

　　依常識觀點與科學觀點來解釋現象與物自身，就完全滿足了「指涉之同一」和「校正觀點」兩個條件。因為無論常識與科學有多大差距，二者間卻有共同處，此即：二者皆承認所描述的對象，是在公共及唯一的時空架構中。無論常識說那東西有如何的「現象」、無論科學說那東西有如何不一樣的「實相」，二者皆同意那東西是時空中的東西，那末，指涉之是否同一，便有路可循，此即那東西的時空定位：依據雙方所指的東西的時空同一地點，那二者所指的，便是同一東西，因為在同一時間同一地點，不可能有兩個東西❸。如果指涉之同一得到了保證，則科學觀點是「校正」了常識觀點之判斷，是顯而易見的，因為這正是科學說明了事物本身的特性如何造成了我們感官的特定效應、說明了事物本身與我們所知覺到的現象間的因果關係、指出了常識所見的現象，不是事物本來面目，這便是校正了常識觀點。

---

❸　這般說明，並不包含在《意義之範圍》，而是做為背景被預設。這實是關乎「特指表式(uniquely referring expression)」的條件的理論。史陶生在其《個體》一書，提出並論證了這理論。參見 Strawson, *Individuals*, pp. 20–35 及 pp. 60–65.

　　史陶生總結他關於現象與物自身的主張，如下：

> 真如其實的東西，並非在時空的指涉架構以外，它們就正
> 是如科學所描述而非如我們所知覺的東西。那校正觀點就
> 是那科學觀點。**㊴**

在史陶生的主張下，物自身不是神秘不可知的，也不是超乎時間
空間的；它們本身就是有時空特性的元目，而它們的本來面目，
科學正逐步揭露中。這個主張，是史陶生哲學的一部份，然在很
大程度上，這也是針對康德而發。但無論從那一角度看它，這個
主張的確與康德的說法大相逕庭。為維護他自己哲學立場也好，
為不滿康德的說法也好，史陶生都要對康德現象與物自身的區分
方式、對康德物自身消極性的概念，予以批判。

　　史陶生說：

> 康德不能符合此對照——真如物與顯現物——之有意義應
> 用之條件；事實上，在應用此對照及與此相關的原因概念
> 時，他違反了他自己訂立的意義原則。**㊵**

史陶生所謂「有意義的應用(significant application)」有兩個互相
關連的意思，其一是要能夠成功地有所指涉 (reference)，這是語
言方面的考慮，另一是要能夠有某種重要的用途，這是實用方面

㊴　Strawson, *The Bounds of Sense*, p. 252.

㊵　同上，p. 254.

的考慮，說得明白一點，符合他那兩個條件，即指涉之同一條件和校正觀點之條件，便是「有意義」的應用；當然，不符合的便可說是「無意義(insignificant)」，而史陶生批評康德現象與物自身的區分，是不能符合那兩個條件的。此外，史陶生也批評康德在說明現象與物自身的關聯時，違法地使用因果概念——違了康德自己所訂的法，這含義是很嚴重的，就是說在康德的系統中，包含了矛盾而變成不融貫一致(incoherent)❹。這兩點批評，分別說明如下。

要說明康德現象與物自身區分之不符合那兩個條件，是很容易的，雖然史陶生欠他的讀者這個說明。就康德而言，物自身是全然不可知的，我們不可能對物自身有任何知悉或判斷，既如此，則亦不可能做到如史陶生的條件所規定，從一個觀點的判斷去「校正」另一觀點的判斷，這不必說從物自身的觀點去校正在現象方面的觀點不可能，縱使人膽地假設由現象觀點去校正物自身觀點，也不可能。康德的物自身不可知論，使到關於物自身的觀點，在實際上和原則上都不存在，乃就不可能有如史陶生所言的「校正」事情發生。進一步言，就連物自身與現象都不成一「對照」，因為其中一方根本沒有東西可以提出來跟另一方對照，除了說「什麼都不知」以外。

再者，史陶生更重視的是指涉問題。康德物自身之不可知，使到對於物自身的指涉，實際上和理論上都不可能，因為我們對它無有任何知識據以構成指涉。令史陶生不能接受的，是康德的超越觀念論，它否定了物自身的時空性，把物自身排除在時空體

---

❹　同上，p. 249.

系以外。但在史陶生的語言理論下，任何指涉之能否成功，最後的憑藉，乃是「被指項(referent)」的時空定位(spatio-temporal location)：兩個指涉之是否指謂同一東西，最後的裁決，亦是訴諸被指項的時空定位。這是史陶生指涉理論的一貫主張，是他的「描述的形上學」使力要去證成的一點。依此理論，康德的非時空的物自身，根本不可能成為指涉之對象。而另一方面，現象是在時空中，時空就成了指涉現象的公共架構，憑藉此架構，我們乃能有辦法成功地、有效地對架構內的任何事物作出指涉❷。康德的物自身與現象，如同分屬兩個完全隔離的世界，其間無交集處、無共同點、亦無一個「客觀的第三者」能讓我們有所依憑，以確定我們關乎此二世界東西的指涉是否在指涉同一東西。

關乎物自身，我們既無識可知、無話可說，但是否可能有某種「超人的存有(super-human beings)」，他有能力認識物自身？康德考慮過這個問題，史陶生亦考慮過康德對此問題的想法。康德的想法是：如果有一種非感觸的直覺能力，稱為「智的直覺(intellectual intuition)」，它便有能知悉物自身。因為人類之所以只能知現象，乃是受限於人類的感性能力：它是被動地受納的，它只能待在那裡等待給予(given)，且它又有既定的收受模式。在這些感性條件限制之下，人類的直覺，便只能是感觸直覺，所知的便只能是現象。相對而言，如果有那超人的能力：它是主動地創造的，能自我授予對象，且又不受時空形式的限制，這種能力當然是非感觸的直覺能力，其所知的對象，亦當然是非現象，即物自身。這個想法是很好的，幾乎可以解決物自身理論所有的困

❷　參考Strawson, *Individuals*, pp. 20–22.

難，但康德也很忠於他的哲學原則，他斷然說，人類不可能有這種能力，而我們也不能證明有其他具此種能力的存有（例如上帝），甚且沒有根據容許我們「假定」這種能力的存在。考慮過之後，一切復歸原點。

史陶生又批評康德在說明現象與物自身的關聯時，違反了康德自己的因果概念的意義原則。在說明這個批評前，得先看看史陶生是如何了解康德的。以下是一段引文，較為冗長，但無可避免。

> 對於那些獨立存在於知覺（perception）以外的如其所實的東西，知覺是不可能對它們產生知識的，因為能夠對這些東西產生知識的知覺，全都只是它們影響我們而出現的結果而已。因此，我們所得的知識，就只能是關於那些東西的顯現相——即那些東西的現象——而不能是關於它們之在其自己或真如面貌。
>
> 以上就是《批判》的一個基本又未予論證（unargued）的複雜前提。此外，仍有另一前提，就是說，我們所有的「外在」知覺，都是被那些獨立存在於知覺以外的東西所造成（cause），它們影響我們而使我們產生知覺。結合以上兩個前提，就導出如下的結論，即，對於那些造成知覺的東西之如其所實，我們的外在知覺不能產生知識，而只能對它們的現象產生知識。❹❸

---

❹❸　Strawson, *The Bounds of Sense*, p. 250.

這是史陶生陳述下的康德。在史陶生的理解中，康德被認為有這些主張，即，一、所有關於外物的知識，是通過知覺而產生的；二、這些外物是獨立於知覺以外而存在的（指物自身）；三、這些外物影響我們乃造成在我們主體方面的結果(outcome)，即知覺；四、我們對這些外物的真如實相無從得知，只能知它們的顯現（現象）。

史陶生批評康德，主要是上述分析的第三項和第四項之結合。第三項是斷言了我們知覺能力與獨立存在物間有因果作用，這點史陶生認為是一般普遍原則，是可接受的，他說：

> 當然，這一般原則是可接受的，即，我們對獨立存在物所可能有的任何知覺，都是原因地有賴於那些東西影響著我們的知覺能力。❹

換言之，在史陶生的理解中，康德是斷定物自身乃我們所知覺到的現象的原因；物自身與現象間有因果關係。他並視之為一般原則、一般真理(general truth)。

但在史陶生看來，問題就發生在：當康德把物自身定位於非時空、離經驗的不可知領域時，康德便「誤用」了這條原則❹，亦造成康德自己的不一致 (inconsistent)。因為，無論我們使用什麼概念、什麼區分，如果此應用要是有意義的話，則我們必須有經驗的準則(empirical criteria)以作此應用。如今康德使用這原則

---

❹　同上，p. 256.

❹　同上。

來說明物自身與現象的關係，但「物自身」的概念及物自身與現象之區分，卻毫無經驗內容、毫無經驗準則，康德便誤用了這條一般原則，把這原則的一般性(generality)作了無限擴張，擴張到非時空、非經驗的不可知領域去，完全脫離了經驗的範圍，也亦跨越了意義的界限。再者，那原則包含有因果概念的使用，而康德在他的《批判》中，正正強調了因果範疇（及其他十一個）的唯一合法使用，是內在的使用(immanent employment)，即經驗的使用，如今康德把因果概念應用於物自身與現象之間，即應用於超經驗領域與經驗領域之間，這種應用，已不是內在，而是超越的使用 (transcendental employment) 了，這是不合法的 (illegitimate)，但康德卻做了。在這點上，康德是不一致。

　　以上是史陶生對康德的批評及其來龍去脈。我們做了分析性的表述，也為史陶生的批評，填充了一些必要的說明和背景資料，忠實地、同情地把史陶生呈現出來，但這並不表示史陶生對康德之批評是無可反駁的，也並不表示史陶生對康德的了解是絕對無誤的。以下我們將就史陶生對康德的批評和了解，作批判的衡量。

　　對於史陶生所建議的現象與物自身理論，我們的反應是：無論從康德的觀點，或是從關於科學的觀點來衡量，史陶生的理論都是不堪一擊的。

　　史陶生所作的現象與物自身的區分，實質上就是洛克次性與初性的區分，而再從科學方面尋求支持。他明白地說：

> 我們知道所謂對象之如實自身是什麼意思。它們就是那些被認為只具有如物理理論所賦予之性質的對象……即被認

為是真實具有那些（初）性的。這些性質，對有不同感官
和神經官能的存有，便使對象呈現為不同，而在表面上看
來，對象所具有的那些（次）性，並不是對象所真正具有，
〔因為〕那只是初性對神經或感覺官能所產生的效應而
已。❹

史陶生這段話，不必多作解釋，因為這是毫不含糊的「洛克語言」，
而史陶生再使用現代物理學和神經科學的一些說明，企圖補強洛
克初性與次性之區分，而以此區分來界定現象與物自身。

　　史陶生當然可以採取洛克的立場，但既然採取某一立場，就
要為此立場提出辯護，以解答來自他方的質疑和批評。洛克的初
性次性之分，早已受休謨的批評，但未見史陶生如何回應，如果
他以為現代物理學和神經科學可以回應休謨，那是大錯特錯的，
這點稍後會說明。他不回答休謨，可沒關係，但不回答康德、反
駁康德，而仍然採取洛克的區分，卻令人不解。

　　因為事實上，康德針對洛克的區分，已提出論證和問題以否
定他的區分能夠做為現象與物自身的區分。康德指出，洛克式的
區分，乃只是「經驗的區分(empirical distinction)」❹，這區分最
終仍然無法答覆一個問題，即，我們所認識到的那個對象，包括
所謂次性初性整體而言，究竟代表(represent)了什麼樣的東西？❹
再者，洛克以為那些在我們知識中的事物的時空特性（初性），是

❹　同上，p. 40.
❹　Kant, *Critique of Pure Reason*, B62.
❹　同上，B63.

屬於事物本身的，但在反省之下，發覺這些時空特性，跟那些「紅的」、「冷的」所謂次性一樣，都是在感官知覺之中；那些事物的形狀，是在我們知覺中的形狀，顯然不是形狀之自身❹。當問題和反省提出之後，洛克的經驗區分就無力繼續追蹤和回答下去，因為問題已迫到經驗的極限，要停止這些追問，就是要靠經驗以外的某物——物自身。換言之，現象與物自身之區分，是一種超越的區分，洛克的在經驗中的區分，無力答覆連串回溯性的問題。

此外，康德亦曾提出論證，以抗拒關於時空的實在論說法。他指出，如果把時空看成是客觀的、是事物本身的特性（如洛克和史陶生之所主張），則數學——特別是幾何學——的命題將失去普遍必然性，因它們將變為後驗（即經驗）命題❺。（當然而且實然，有人會拿現代數學，特別是非歐幾何，來反駁康德關於數學的先驗綜合理論。這是一場持續的論爭，康德的立場仍然守住。）

洛克式的區分，康德稱為「超越實在論」❺，在連串追問之下，超越實在論最終會抵擋不住巴克萊——這康德稱為「經驗觀念論」代表人物——的攻擊，「時間」、「空間」、「外物」、「物質」等概念，通通將失去任何意義的實在性。❺

史陶生當然可以企圖去重建洛克初性與次性的「廢墟」，但重建工作第一步，就是要去消解使它成為「廢墟」的力量——即來自巴克萊、休謨，而特別是康德的力量，但史陶生沒有做這步

---

❹　同上。

❺　同上，B64–66.

❺　同上，B522.

❺　同上。

工作。

也許，史陶生以為現代科學可以用來支持洛克；把初性與次性之區分換成常識與科學之區分，再以此常識與科學之區分來界定現象與物自身之區分，這似乎很完美，一方面可以支持其洛克式的實在論，因為科學的觀點像是會支持，最低限度也會同情，說時間空間是事物本身的屬性，而較不會同情或支持康德的超越觀念論。對科學家，接近常識的實在論和唯物論一樣是較有親和力的。另一方面，常識觀點與科學觀點之對比，有點像現象與物自身的對比，但前一對比符合「有意義應用」的條件，且科學觀點對事物的知識，似乎剛好跟康德的物自身不可知論對立。如此，常識觀點與科學觀點之區分，對史陶生而言，就有很好的用途。

史陶生認定常識觀點所知覺的現象與科學觀點所描寫的事物之區分方式，符合了「有意義應用」的條件，故可視為現象與物自身之區分。對此，我們提出兩個簡單的問題來討論和反省。

首先，科學對事物的描述和說明，「真的」就是事物自己的本來面貌嗎？或，事物的真如實相，「真的」就如科學所描寫和說明的一樣嗎？對這個問題，科學家、一些語言哲學家、甚或維根斯坦，會認為是無意義的，因為這個問題（如果答案是肯定的話），沒有人類有能力給出肯定的答案，因為要給出肯定的答案，必須要了解兩個世界，只有當同時了解或知覺到這兩方面的世界，也可以說，「這世界」的兩方面，才能證實這兩方面之互相符合，即證實科學所描寫的，確是事物的真如實相。有能力給予證實的，就只有是一個超人類、超物自身的「第三觀察者」。那是誰？這我們人類也不能確定，甚至不能確定是否可能存在這樣的「第三者」。

　　但相反地，我們卻有能力給出否定的答案，因為我們儘可分析科學的性質和限度，便知道科學做的是什麼、能做什麼和不能做什麼。事實上，科學哲學家這方面已做了很多工作，讓我們對「科學」這門學問有更多的了解，幾乎成了常識：在科學理論中的存在元目 (entities)，乃只是理論的構造物 (theoretical constructs)，例如「原子」、「電子」、「分子」、「速度」等，它們之被引進，可以基於不同的理由，包括該理論的邏輯需要 (logical requirement)、或類比於一個解釋模型 (model)、或作為理論假設 (postulate) 中的不可定義的元始概念 (primitive concept)、或為運作上簡單方便的需要等。科學理論中所提到的「東西」，可以有很多不同的理由被提出來、想出來。質言之，且較溫和地說，並非通統都有相應的實在物。所謂較溫和，是比較於如馬克 (Ernst Mach)之主張，認為理論元目通通都是虛構物(fictions)。

　　再者，科學理論有其理想類型，即所謂極限概念 (limiting concepts)，例如「瞬間速度」、「極限溫度」等，它們所指的對象是否真能存在，是一個爭議的問題。此外，科學理論中有的是假說(hypothesis)、推測(conjecture)、假定(postulate)、置定(posit)，沒有的是終極真理(final truth)。

　　如果我們同意科學有上述各種（或其中一些）性質，我們便不會認為科學有能力描述到事物自己的本來面貌；事實上，科學家亦不願意這樣說。

　　第二個問題是：科學觀點的確是如史陶生所認定的是「校正觀點」嗎？科學對事物的判斷，的確是校正我們根據日常經驗知覺而來的判斷嗎？在這問題上，我們承認史陶生是對的，即承認

由科學觀點對事物的判斷能校正日常經驗中的判斷。例如當我們看見一枝插入水中的竹子，根據我們的視覺，我們判斷此竹子是曲的，但在旁的科學家會糾正我們，指出這竹子是直的，因為水對光線的折射，才會使我們看到竹子「曲的現象」。

但我們承認史陶生是對的，只是承認他有時會對，因為故事只說了前半段。後半段是：當那科學家判斷那竹子是直的，我們便要把那竹子從水中抽出來，再憑日常的視覺，看看它是否真是直的，才證實（或否證）那科學家的判斷。道理已經很顯明，科學並非常常都是校正觀點，有很多時候，甚或更多時候，日常經驗才是校正觀點。科學的假說、科學的預測，最終就是靠日常經驗知覺之所得——即科學所稱的觀察報告(observation statement)——才得以證實（或否證）。

上面那個小故事，便足夠反駁史陶生，我們不擬就此問題滔滔的說下去，因為任何一本完整的科學哲學教科書，第一章便會交待清楚，科學與常識的關係，二者絕對不是在「誰較正確?」的問題上成為互相對立、截然二分的對偶(duality)。

總結以上，我們有理由可以說，史陶生關於現象與物自身的洛克式理論，未能回應質疑，而科學不會亦不能提供支持。其不可維護性(untenability)是顯而易見的。

史陶生批評康德現象與物自身區分不符合「指涉之同一」條件和「校正觀點」條件。對於史陶生這個批評，我們的反應是：史陶生所定的條件，不適用（或不能應用）於康德的區分。

我們已有很多的邏輯・語言設計 (device) 足以用來說明史陶生的條件對康德區分之不適用性，這包括羅素的類型論 (Theory of Types)、維根斯坦的語言極限說，和卡納普的內在問題與外在問題之區分等。我們不擬明顯的借用任何一個，但我們的基本觀念與這些設計背後的一般觀念是類同的。

史陶生所定的條件，不必去爭論其能否成立而就接受它們，因為在「意義」的範圍內，史陶生有根據和論證以訂立這兩條件。但必須指出，這兩條件是在意義的界限內來訂立，不可能在意義的界限外來訂立，否則它們本身即是無意義。換言之，這些條件只能是意義界限範圍中的內部法則，它們的存在亦只能在此界限範圍內；它們的運作亦只限於範圍內的其他份子。

這個道理，我們再用另一套語言來表達。今有任一系統 S，其中有各種法則，包括構成法則 (formation rules)、語意法則 (semantic rules) 等等。不管這些法則如何訂定，任意也好、規定 (stipulation) 也好、約定 (convention) 也好、為實用 (pragmatic) 而訂也好，任何這些法則只能對系統內的其他份子有效，也只能存在於此系統 S 之內，因為它們的意義，正是由這系統 S 來授與。

這要表明什麼？要表明的就是：史陶生所定的意義條件，不能應用於「意義範圍」（作為一整體）本身，我們不能問，這「意義範圍」是否符合意義條件？這類的問題。同理，系統 S 的內部法則，不能應用於「系統 S」本身，我們不能問，這「系統 S」本身是否符合它自己所定的語意法則？這類的問題。相信羅素和卡納普會支持這個道理。

今所謂「意義範圍」或「系統 S」在此指的是什麼？所指的就是「現象界」或「經驗界」。至此，我們對史陶生的回應就顯現了。他那兩個條件，不能用來裁判康德現象與物自身之區分，

因為那兩個條件，只是「意義範圍」的內部條件，也即是我們所謂「系統Ｓ」的內部條件。質言之，史陶生的條件，乃是在經驗界、現象界內所產生的法則，它們的普遍性和有效性，最多只及於界域內的一切份子，而「現象界」本身，不是現象界內的一個份子。故「現象界」本身，不受該法則所約束。

今康德現象與物自身的區分，不是在現象界內把份子分成兩類——如果是這樣，則史陶生的條件便有用了，而是就整個現象界與另一「非現象界」而作的區分，這個區分，相對於內部的區分而言，是外部的區分，此之所以康德謂其區分是超越區分，而洛克（及史陶生）的只是經驗區分。

因此，史陶生的兩個條件不能應用於康德所意指的區分，而卻很可以應用於他自己「常識物」與「科學物」之區分——此二「物」，也不過同是現象的內部份子而已。

接下來，我們要考慮史陶生對康德的另一個批評，即康德在說明（或暗示）現象與物自身的關係時，違反因果範疇的使用限制。對於史陶生的這個批評，我們較為保留，即不能直說史陶生及其他持相同看法的人為不對，因為康德讓人對現象與物自身的關係，很自然地會作出因果解釋，而在此解釋下，康德亦定然要接受如史陶生那樣的批評。

康德很多言辭，的確會引人朝向因果解釋。這樣的例子很多，例如說：

> 這些表象的非感觸原因是完全不為我們所知的……❸

---

❸　B522.

又說：

> 感性能力的真正相關項——那物自身，不為我們所知，也
> 不能被知……。❺❹

又說：

> 如果它們〔現象〕不被視為物自身，而只被視為表象……
> 則它們一定有非現象的根據。❺❺

又說：

> 在直覺中的物體之表象，並不包含任何東西是屬於那對象
> 自身的，但只包含那某物之現象及它所在以影響我們的模
> 式。❺❻

根據這些言辭，《批判》的讀者有理由、很自然地會作成這樣的了
解，即，在康德看來，物自身縱不可知，但它們卻是現象的原因；
似無疑義。
　　如果康德確實地是把物自身視為是現象的原因 —— 有如太陽

---

❺❹　B45.
❺❺　B565.
❺❻　B61.

是地球光亮的原因一類的原因，則康德確是犯法——犯了自己的
法。因為，如果康德真的認為物自身就是現象的原因，則他將陷
入兩個矛盾。第一，當說物自身全然不可知的時候，就不能再說
物自身是現象的原因；因為當說「C是E的原因」時，就是關於
"C"和"E"的一項知識。更重要的是，第二，康德對理性批判的重
要成果之一，以及他揭發超越辯證(transcendental dialectic)及假
象(transcendental illusion)的錯誤時所依賴的根據，正是這批判的
結論，即：範疇的合法使用，只能是經驗的使用(empirical
employment)，就是在可能經驗(possible experience)即現象範圍
內的使用。「因果」是一範疇，其合法使用就只限於連結兩個都是
現象的對象，今物自身不是現象，所以因果範疇不能合法地用來
描述物自身與現象間的關係。因此，康德不能說物自身是造成現
象的原因（或原因之一），否則，他將走回去他所要瓦解的形而上
的獨斷論中，同時也違反了他所建立的範疇的遊戲規則。

依此而觀，問題的關鍵以及解決問題的要竅，正在於康德確
實的看法是怎樣。史陶生對康德的批評，是建立在如下的一個理
解上，即，康德確是把物自身構想為是現象的原因；把原因範疇
用在現象與物自身之間而斷言二者的關係。在這樣的理解下，康
德自然難逃被批評為不一致。但這樣地理解康德是正確的理解嗎？
或說，是完備的理解嗎？我們在此無法解決這個問題，因為這要
進入康德哲學細膩而龐雜的內部而遠離本書的範圍，在此實不適
宜。但仍必須指出，在史陶生對康德的物自身觀念的理解中，他
完全沒有考慮到康德並非只談及做為範疇的因果概念，而亦承認
有另一種因果性的存在，那正是由「自由」而來的因果性。同時，

史陶生對康德物自身觀念的理解，亦完全沒有提及康德有另一種說法，即，人做為理性存有，就是物自身。縱使我們沒有詳細的論證，但這已足夠顯現了史陶生對康德物自身觀念的理解，並不完備。

但部份的失誤並不足以減低史陶生對康德研究方面的貢獻：他把康德帶入分析哲學的圈子中，而使康德哲學有更豐富的內容和更活潑的生命力。史陶生是否可算是一位新康德主義者？這是可討論的。這正是我們要「特別」地用一專題來顯示史陶生與康德間一種特殊的關係之原因。而事實上，史陶生近年（晚年）似乎已把大部份的精力，放在康德研究上，也因此，我們亦必須「特別」強調一下他跟康德的關連。我們也許可以說史陶生是一個新康德主義者，但也一定是一個非傳統式的新康德主義者。

史陶生的主要著作

（中譯名稱對應於英文名稱）

1 〈回覆史拉斯先生〉收於《哲學與現象學研究》第 17 期，頁 473–477；1957年6月出版。

"A Reply to Mr. Sellars." *Philosophy and Phenomenological Research* XVII (June 1957): 473–477.

2 《分析與形上學》，牛津，牛津大學出版社，1992年出版。

Analysis and Metaphysics. Oxford: *Oxford* University Press, 1992.

3 〈分析、科學、和形上學〉原載於《分析哲學》，巴黎，敏諾出版社，1962年出版。英譯。收於李察‧羅蒂編及作導言之《轉向語言》，頁312–320；芝加哥，芝加哥大學出版社，1967年出版。

"Analysis, Science, and Metaphysics." In *La philosophie analytique*. Paris: Editions de Minuit, 1962. English translation of the article reprinted in *The Linguistic Turn*, pp. 312–330. Edited & introduced by Richard Rorty. Chicago: The University of Chicago Press, 1967, Phoenix Books, 1970.

4 〈知信、指涉與量化〉收於《一元論者》第62期，頁143–160；

1979年4月出版。

"Belief, Reference and Quantification." *Monist* 62 (April 1979): 143–160.

5 〈原因與說明〉收於布魯斯・霍馬山編之《論達衛臣文集》，頁115–135；牛津，格蘭頓出版社，1985年出版。

"Caruation and Explanation." In *Essays on Davidson*, pp. 115–135. Edited by Bruce Vermazen. Oxford: Clarendon Press, 1985.

6 《自由與憤恨》，倫敦，蜜思安有限公司，1974年出版。

Freedom and Resentment and Other Essays. London: Methuen, 1974.

7 〈邏輯形式與邏輯常項〉收於白奈齊編之《邏輯形式、加謂式與存有論》，頁1–18；亞特蘭大，高原人文學科出版社，1983年出版。

"Logical Form and Logical Constants." In *Logical Form, Predication and Ontology,* pp. 1–18. Edited by K. K. Banerjee. Alantic: Highlands Humanities Press, 1983.

8 〈辨識指涉與真值〉收於《理論》第30期，1964年出版。再收編於史陶生著《邏輯・語言論文集》，頁75–95；倫敦，蜜思安有限公司，1971年版。

"Identifying Reference and Truth Values." *Theoria* XXX (1964). Reprinted in the author's *Logico-Linguistic Papers*, pp. 75–95. London: Methuen & Co., Ltd., 1971.

9 《個體》，倫敦，蜜思安有限公司，1959年版。

Individuals. London: Methuen, 1959.

10 《邏輯理論導論》，倫敦，蜜思安有限公司，1952年版。

Introduction to Logical Theory. London: Methuen, 1952.

11 《邏輯・語言論文集》，倫敦，蜜思安有限公司，1971年版。

Logico-Linguistic Papers. London: Methuen, 1971.

12 〈論指涉〉收於《心靈》第59期，頁320–344；1950年出版。

再收編於《邏輯・語言論文集》，頁1–27。

"On Referring." *Mind* LIX (1950): 320–344. Reprinted in the author's *Logico-Linguistic Papers*, pp. 1–27.

13 〈殊相與普遍者〉收於《亞里士多德學會論文集》，1953–54年。

再收編於《邏輯・語言論文集》，頁28–52。

"Particular and General." *Proceedings of the Aristotelian Society* (1953–54). Reprinted in the author's *Logico Linguistic Papers*, pp. 28–52.

14 〈知覺及其對象〉收於G. F. 麥當奴編之《知覺與同 ·性》，頁41–60；伊達卡，康奈爾大學出版社，1979年出版。

"Perception and Its Objects." In *Perception and Identity*, pp. 41–60. Edited by G. F. MacDonald. Ithaca: Cornell University Press, 1979.

15 〈史顧頓與華韋特之論反實在論及其他〉收於《亞里士多德學會論文集》，頁15–21；1976–77年。

"Scruton and Wright on Anti-Realism Etc." *Proceedings of the Aristotelian Society* (1976–77): 15–21.

16 〈語意學、邏輯與存有論〉收於《當今哲學》第8期，頁1–13；

1975年出版。

"Semantics, Logic and Ontology." *Neus Hefte Philosophy* 8 (1975): 1–13.

17 〈單稱辭與加謂式〉收於《哲學雜誌》第58期，1961年出版。再收編於《邏輯・語言論文集》，頁53–74。

"Singular Terms and Predication." *The Journal of Philosophy* LVIII (1961). Reprinted in the author's *Logico-Linguistic Papers*, 53–74.

18 《懷疑主義與自然主義》，倫敦，蜜思安有限公司，1985年版。

Skepticism and Naturalism: Some Varieties. London: Methuen, 1985.

19 《邏輯與文法的主辭和謂辭》，倫敦，蜜思安有限公司，1974年出版。

Subject and Predicate in Logic and Grammar. London: Methuen, 1974.

20 〈主辭和謂辭的不對稱性〉收於侯活・冀發及米爾頓・莫奈斯編之《語言、知信與形上學》卷一：《當代哲學思想》；紐約，紐約州立大學出版社，1970年出版。再收編於《邏輯・語言論文集》，頁96–115。

"The Asymmetry of Subjects and Predicates." In *Language, Belief and Metaphysics.* Vol. I: "Contemporary Philosophical Thought." Edited by Howard E. Kiefer and Milton K. Munitz. New York: State University of New York Press, 1970. Reprinted in the author's *Logico-Linguistic Papers*, pp. 96–115.

21 《意義的範圍》，倫敦，蜜思安有限公司，1966年出版。

The Bounds of Sense. London: Methuen, 1966.

22 〈論共相〉收於《中西部哲學研究》雜誌，頁3–10；1979年出版。

"Universals." *Midwest Studies in Philosophy* (1979): 3–10.

23 〈建構與分析〉收於艾耶等編之《哲學中的革命》，倫敦，麥美蘭出版社，1956年出版。

"Construction and Analysis." In A. J. Ayer et al., ed., *The Revolution in Philosophy*. London: Macmillan, 1956.

24 〈對一教條的辯護〉（與格萊斯合著）收於《哲學評論》第65期，頁141–58，1956年出版。

"In Defense of a Dogma" with H. P. Grice. *Philosophical Review*, Vol. 65 (1956): 141–58.

25 〈單稱辭、存有論、與同一性〉收於《心靈》第65期，頁433–54，1956年出版。

"Singular Terms, Ontology and Identity." *Mind*, Vol. 65 (1956): 433–54.

26 〈邏輯主辭與有形物體〉收於《哲學與現象學研究》第 17 期，1957年出版。

"Logical Subjects and Physical Objects." *Philosophy and Phenomenological Research*, Vol. 17 (1957).

27 〈命題、概念、與邏輯真理〉收於《哲學季刊》第7期，頁15–25，1957年出版。

"Propositions, Concepts and Logical Truths." *Philosophical*

Quarterly, Vol. 7 (1957): 15–25.

28 〈專屬名辭〉收於《亞里士多德學會論文集》補編，第 31 期，1957年出版。

"Proper Names." *Proceedings of the Aristotelian Society*, Supp. Vol. 31 (1957).

29 〈知覺與辨識〉收於《亞里士多德學會論文集》補編，第35期，1961年出版。

"Perception and Identification." *Proceedings of the Aristotelian Society*, Supp. Vol. 35 (1961).

30 〈語言行為中的意向與約定〉收於《哲學評論》第73期。

"Intention and Convention in Speech Acts." *Philosophical Review*, Vol. 73 (1964).

31 〈自我、心靈、與軀體〉收於《公約數》第4期，1966年出版。

"Self, Mind and Body." *Common Factor*, Vol. 4 (1966).

32 〈意義與真理〉收於《不列顛研究院論文集》，牛津大學出版社，1969年出版。

"Meaning and Truth." *Proceedings of the British Academy*. Oxford: Oxford University press, 1969.

33 〈知識與真理〉收於《印度哲學季刊》第三期第三卷，1976年出版。

"Knowledge and Truth." *Indian Philosophical Quarterly*, Vol. 3, No. 3 (1976).

34 〈指涉及其根本〉收於韓斯及舒柏編之《蒯因哲學》，伊利諾州，廣場出版社，1986年出版。

"Reference and its Roots." In *The Philosophy of W. V. O. Quine*, ed. L. E. Hahn & P. A. Schilpp. La Salle, Ill.: Open Court, 1986.

35 〈康德之論過：自覺及「旁觀者」〉收於卡那馬等編之《主體主義理論》，法蘭克福，蘇爾坎出版社，1987年版。

"Kant's Paralogisms: Self-Consciousness and the 'Outside Observer'." In *Theorie de Subjektivität*, ed. K. Cramer; F. Fulda; R. P. Horstmann; U. Pothast. Frankfurt am Main: Suhrkamp: 1987.

36 〈康德之形上學的新基礎〉收於亨力治及何斯曼編之《康德的形上學》，斯圖加特，格烈特——高達出版社，1988年版。

"Kant's New Foundations of Metaphysics." In *Metaphysik nach Kant*, ed. Dieter Henrich and R. P. Horstmann. Stuttgant: Klutt Cotta, 1988.

37 〈經驗主義的不融貫性〉收於《亞里士多德學會論文集》補編，第66期，1992年出版。

"The Incoherence of Empiricism." *Proceedings of the Aristotelian Society*, Supp. Vol. 66, 1992.

38 〈實在論的問題及先驗性〉收於巴連尼編之《康德與當代知識論》，多德雷特，克盧華學術出版社，1994年版。

"The Problem of Realism and the A Priori." In *Kant and Contemporary Epistemology*, ed. Paolo Parrini. Dordrecht: Kluwer Academic Publishers, 1994.

39 《元目與同一性》，牛津，牛津大學出版社，1997年版

Entity and Identity. Oxford: Oxford University Press, 1997.

史陶生年表

彼得・弗特烈・史陶生爵士，聖約翰大學及牛津麥特蘭學院榮譽院士：

1919 —— 11月23日生於倫敦市郊的艾寧鎮(Ealing)，有兩兄弟及一妹妹，父母皆為學校老師。

1931 —— 入芬治厘(Finchley)縣立中學。

1932 —— 轉學入基督書院(Christ's College)，主修英文、法文、拉丁文、及歷史。

1936 —— 父去世。

1937 —— 獲獎學金進牛津大學聖約翰學院(St. John's College)，主修P.P.E.學位（即哲學、政治學、經濟學），專攻邏輯及康德哲學；立志要在牛津大學任教。

1940 —— 徵召入伍，派駐於蘇薩斯(Sussex)的皇家炮兵團。

1942 —— 轉仕皇家電機工程師團部。

1945 —— 與女友格里絲・馬田(Grace Martin)結婚，史陶生為她改名為安妮(Ann)；同年，隨軍派駐於意大利及奧地利。

1946 —— 從軍中退伍；並獲聘為北威爾斯大學學院(University College of N. Wales)哲學助理講師，講授萊布尼茲哲學及普通倫理學。

1947 —— 獲牛津大學聘為學院講師(College Lecturer)。

1948 —— 獲選為大學院士(Fellow)及講座（至1968）； 史氏第一篇論文〈必然命題與導出述句〉('Necessary Propositions and Entailment Statements') 獲登於《心靈》(*Mind*)雜誌。（時主編是萊爾）

1949 —— 〈倫理的直覺主義〉('Ethical Intuitionism')，登於《哲學》(*Philosophy*)雜誌。

1950 —— 長女茱莉亞(Julia)出生；〈論指涉〉('On Referring')登於《心靈》(*Mind*)雜誌；〈真理〉('Truth')刊於《亞里士多德學會論文集》補篇。

1952 —— 受萊爾鼓勵，寫成並出版《邏輯理論導論》(*Introduction to Logical Theory*)；長子加蘭(Galen)出生。

1954 —— 與格那斯(H. P. Grice)共同刊登〈對一教條的辯護〉('In Defense of a Dogma')，此是史陶生對蒯因的〈經驗主義的兩項教條〉('Two Dogmas of Empricism')的回應；次子羅拔(Robert)出生。

1955 —— 首次造訪美國，任杜克大學(Duke University)客座教授。

1957 —— 〈命題、概念、與邏輯真理〉('Propositions, Concepts, and Logical Truths')刊於《哲學季刊》(*The philosophical Quarterly*)。

1959 —— 《個體》一書出版；同時申請牛津大學的「韋基咸邏輯教授」(Wykeham Chair of Logic)職位，但被對手艾耶取得；開始講授康德的《純粹理性批判》。

1960 —— 獲選為不列顛研究院(British Academy)院士；受邀往
普林斯頓大學講學，任客座教授。

1961 —— 次女維珍妮亞(Virginia)出生。

1966 —— 《意義的範圍》(*The Bounds of Sense*) 出版（此是由其
康德的講義發展出來的書），此後二十年，史氏毫未
間斷研究並講授康德的第一批判；進升為牛津大學的
主講教授(Reader)。

1968 —— 接任萊爾在牛津的「韋弗烈形上哲學哲學講座教授」
職位，並作就職演講：〈意義與真理〉('Meaning and
Truth')——至退休1987。

1969 —— 任亞里士多德學會主席，並作就職演講：〈文法與哲
學〉('Grammar and Philosophy')。

1970 —— 〈主辭和謂辭的不對稱性〉('The Asymmetry of Sub-
jects and Predicates')；〈想像力與知覺〉('Imagination
and Perception')；〈範疇〉('Categories')等論文出版。

1971 —— 獲選為美國文理研究院 (American Academy of Arts
and Sciences)榮譽外籍會員。

1973 —— 獲選為牛津聖約翰大學榮譽院士；往西班牙華倫斯亞
(Valencía)參加會議，提論文〈知識有基礎嗎?〉('Does
Knowledge Have Foundations?')。

1974 —— 《邏輯與文法的主辭和謂辭》；及《自由與憤恨》出
版。

1975 —— 〈知覺的因果性〉('Causation in Perception')出版；
往印度講學。

1976　——往以色列參加會議，提論文〈「也許」與「也許已經」〉('May Bes and Might Have Beens')。

1977　——受英女皇冊封，受勳為爵士；往以色列及南斯拉夫講學。

1979　——再往印度講學；〈知覺及其對象〉('Perception and Its Object')出版。

1983　——在哥倫比亞大學主持「弗必烈治講座」(Woodbridge Lectures)。

1985　——《懷疑主義與自然主義：某些型態》(*Skepticism and Naturalism: Some Variety*) 出版；在法國學院 (Collège de Franch)講學；及在德國慕尼黑演講；〈分析與形上學〉('Analyse et Metaphysique')法文出版。

1986　——〈指涉及其根本〉('Reference and its Roots')；及〈直接單稱指涉：意圖的指涉與實際的指涉〉('Direct Singular Reference: Intended Reference and Actual Reference')出版。

1987　——從麥特蘭學院教職退休；〈感性、知性、與綜合說〉('Sensibility, Understanding and The Doctrine of Synthesis')；及〈康德的形上學新基礎〉('Kant's New Foundation of Metaphysics') 出版；再訪印度，任印度哲學研究會 (Indian Council of Philosophical Research) 年度講座；又往美國天主教大學 (Catholic University of America)講學；〈概念與性質或加謂式與定言連結〉('Concept and Property or Predication and Copulation')出版。

1988 —— 在北京中英夏季哲學班(Sino-British Summer School in Philosophy) 講學；又往美國聖路易參加蒯因研討會。

1991 —— 受聘於科羅拉多 (Colorado) 大學波達 (Boulder) 校區，任客座教授。

1992 ——在佛羅倫斯(Florence)的康德研討會，提論文〈實在論的問題與康德的「先驗」〉('The Problem of Realism and the Apriori in Kant')；及往加拿大皇后大學 (Queen's University) 演講；獲選為歐洲研究院 (Academia Europaca) 會員；獲捷克科學研究院 (Academy of Sciences) 頒授社會科學百力基 (F. Palacky) 榮譽獎章。

索 引

人名索引

四 劃

五 劃

六 劃

九　劃

十一劃

十二劃

術語索引

一　劃

二　劃

三　劃

四　劃

七　劃

八 劃

九　劃

十　劃

十一劃

十二劃

十五劃

模式　Mode　10, 16, 17, 59, 62, 65, 67, 91, 96, 99, 103, 138, 139, 146, 157

範疇判準　Categorial criterion　88, 91, 94

複合謂辭　Compound predicate　86

質別共相　Characterizing universal　21, 46, 48, 49, 50, 51, 55, 90, 91, 96

十六劃

導出（導衍、衍生）　Entailment　33, 79, 82, 114, 129, 147

獨一性（獨特性）　Uniqueness　27, 28, 30, 44, 130, 131

謂辭（賓辭、述辭）　Predicate　3, 4, 5, 6, 7, 8, 9, 15, 16, 17, 35, 36, 37, 39, 40, 61, 80, 81, 82, 83, 84, 85, 86, 87, 88, 89, 91, 92, 93, 94, 96, 98, 99, 100, 102, 103, 104, 125, 126, 127, 129, 134, 135

十七劃

隸屬　Subordination　36, 52, 53, 54, 55, 93, 97, 99

十八劃

斷言　Assertion　12, 22, 90, 100, 101, 116, 117, 119, 120, 132, 148, 158

斷言繫結　Assertive tie　22

二十五劃

世界哲學家叢書（一）

書　　　　　名	作　　者	出　版　狀　況
孔　　　　　子	韋　政　通	已　　出　　版
孟　　　　　子	黃　俊　傑	已　　出　　版
荀　　　　　子	趙　士　林	排　　印　　中
老　　　　　子	劉　笑　敢	已　　出　　版
莊　　　　　子	吳　光　明	已　　出　　版
墨　　　　　子	王　讚　源	已　　出　　版
公　孫　龍　子	馮　耀　明	排　　印　　中
韓　　　非	李　甦　平	已　　出　　版
淮　　南　　子	李　　　增	已　　出　　版
董　　仲　　舒	韋　政　通	已　　出　　版
揚　　　　　雄	陳　福　濱	已　　出　　版
王　　　　　充	林　麗　雪	已　　出　　版
王　　　　　弼	林　麗　真	已　　出　　版
郭　　　　　象	湯　一　介	已　　出　　版
阮　　　　　籍	辛　　　旗	已　　出　　版
劉　　　　　勰	劉　綱　紀	已　　出　　版
周　　敦　　頤	陳　郁　夫	已　　出　　版
張　　　　　載	黃　秀　璣	已　　出　　版
李　　　　　覯	謝　善　元	已　　出　　版
楊　　　　　簡	鄭　曉　江　李　承　貴	已　　出　　版
王　　安　　石	王　明　蓀	已　　出　　版
程　顥、程　頤	李　日　章	已　　出　　版
胡　　　　　宏	王　立　新	已　　出　　版
朱　　　　　熹	陳　榮　捷	已　　出　　版
陸　　象　　山	曾　春　海	已　　出　　版

世界哲學家叢書（二）

書　　　　名	作　　者	出　版　狀　況
王　　廷　　相	葛　榮　晉	已　　出　　版
王　　陽　　明	秦　家　懿	已　　出　　版
方　　以　　智	劉　君　燦	已　　出　　版
朱　　舜　　水	李　甦　平	已　　出　　版
戴　　　　震	張　立　文	已　　出　　版
竺　　道　　生	陳　沛　然	已　　出　　版
慧　　　　遠	區　結　成	已　　出　　版
僧　　　　肇	李　潤　生	已　　出　　版
吉　　　　藏	楊　惠　南	已　　出　　版
法　　　　藏	方　立　天	已　　出　　版
惠　　　　能	楊　惠　南	已　　出　　版
宗　　　　密	冉　雲　華	已　　出　　版
永　明　延　壽	冉　雲　華	排　　印　　中
湛　　　　然	賴　永　海	已　　出　　版
知　　　　禮	釋　慧　岳	已　　出　　版
嚴　　　　復	王　中　江	已　　出　　版
康　　有　　為	汪　榮　祖	已　　出　　版
章　　太　　炎	姜　義　華	已　　出　　版
熊　　十　　力	景　海　峰	已　　出　　版
梁　　漱　　溟	王　宗　昱	已　　出　　版
殷　　海　　光	章　　　清	已　　出　　版
金　　岳　　霖	胡　　　軍	已　　出　　版
張　　東　　蓀	張　耀　南	已　　出　　版
馮　　友　　蘭	殷　　　鼎	已　　出　　版
湯　　用　　彤	孫　尚　揚	已　　出　　版

世界哲學家叢書（三）

書　　　　　　　　名	作　　者	出　版　狀　況
賀　　　　　　　　麟	張　學　智	已　　出　　版
商　　羯　　　　羅	江　亦　麗	已　　出　　版
辨　　　　　　　　喜	馬　小　鶴	已　　出　　版
泰　　　戈　　　爾	宮　　　靜	已　　出　　版
奧羅賓多・高士	朱　明　忠	已　　出　　版
甘　　　　　　　　地	馬　小　鶴	已　　出　　版
尼　　赫　　　　魯	朱　明　忠	已　　出　　版
拉達克里希南	宮　　　靜	已　　出　　版
李　　栗　　　　谷	宋　錫　球	已　　出　　版
道　　　　　　　　元	傅　偉　勳	已　　出　　版
山　鹿　素　行	劉　梅　琴	已　　出　　版
山　崎　闇　齋	岡田武彥	已　　出　　版
三　宅　尚　齋	海老田輝巳	已　　出　　版
貝　原　益　軒	岡田武彥	已　　出　　版
石　田　梅　岩	李　甦　平	已　　出　　版
楠　本　端　山	岡田武彥	已　　出　　版
吉　田　松　陰	山口宗之	已　　出　　版
中　江　兆　民	畢　小　輝	已　　出　　版
柏　　拉　　　　圖	傅　佩　榮	已　　出　　版
亞里斯多德	曾　仰　如	已　　出　　版
伊　壁　鳩　魯	楊　　　適	已　　出　　版
柏　　羅　　　　丁	趙　敦　華	已　　出　　版
伊本・赫勒敦	馬　小　鶴	已　　出　　版
尼古拉・庫薩	李　秋　零	已　　出　　版
笛　　卡　　　　兒	孫　振　青	已　　出　　版

世界哲學家叢書（四）

書　　　　　　名	作　　　者	出　版　狀　況
斯　賓　諾　莎	洪　漢　鼎	已　　出　　版
萊　布　尼　茨	陳　修　齋	已　　出　　版
牛　　　　　頓	吳　以　義	排　　印　　中
托馬斯・霍布斯	余　麗　嫦	已　　出　　版
洛　　　　　克	謝　啓　武	已　　出　　版
巴　　克　　萊	蔡　信　安	已　　出　　版
托馬斯・銳德	倪　培　民	已　　出　　版
梅　　里　　葉	李　鳳　鳴	排　　印　　中
伏　　爾　　泰	李　鳳　鳴	已　　出　　版
孟　德　斯　鳩	侯　鴻　勳	已　　出　　版
施　萊　爾　馬　赫	鄧　安　慶	排　　印　　中
費　　希　　特	洪　漢　鼎	已　　出　　版
謝　　　　　林	鄧　安　慶	已　　出　　版
叔　　本　　華	鄧　安　慶	已　　出　　版
祁　　克　　果	陳　俊　輝	已　　出　　版
彭　　加　　勒	李　醒　民	已　　出　　版
馬　　　　　赫	李　醒　民	已　　出　　版
迪　　　　　昂	李　醒　民	已　　出　　版
恩　　格　　斯	李　步　樓	已　　出　　版
馬　　克　　思	洪　鐮　德	已　　出　　版
約　翰　彌　爾	張　明　貴	已　　出　　版
狄　　爾　　泰	張　旺　山	已　　出　　版
弗　洛　伊　德	陳　小　文	已　　出　　版
史　賓　格　勒	商　戈　令	已　　出　　版
韋　　　　　伯	韓　水　法	已　　出　　版

世界哲學家叢書（五）

書　　　　　　　名	作　　　者	出　版　狀　況
胡　　塞　　爾	蔡　美　麗	已　　出　　版
馬克斯・謝勒	江　日　新	已　　出　　版
海　　德　　格	項　退　結	已　　出　　版
高　　達　　美	嚴　　　平	已　　出　　版
哈　伯　馬　斯	李　英　明	已　　出　　版
榮　　　　　格	劉　耀　中	已　　出　　版
皮　　亞　　傑	杜　麗　燕	已　　出　　版
索　洛　維　約　夫	徐　鳳　林	已　　出　　版
費　奧　多　洛　夫	徐　鳳　林	已　　出　　版
別　爾　嘉　耶　夫	雷　永　生	已　　出　　版
馬　　賽　　爾	陸　達　誠	已　　出　　版
阿　　圖　　色	徐　崇　溫	排　　印　　中
傅　　　　　科	于　奇　智	排　　印　　中
布　拉　德　雷	張　家　龍	已　　出　　版
懷　　特　　海	陳　奎　德	已　　出　　版
愛　因　斯　坦	李　醒　民	已　　出　　版
皮　　爾　　遜	李　醒　民	已　　出　　版
玻　　　　　爾	戈　　　革	已　　出　　版
弗　　雷　　格	王　　　路	已　　出　　版
石　　里　　克	韓　林　合	已　　出　　版
維　根　斯　坦	范　光　棣	已　　出　　版
艾　　耶　　爾	張　家　龍	已　　出　　版
奧　　斯　　丁	劉　福　增	已　　出　　版
史　　陶　　生	謝　仲　明	已　　出　　版
馮　・　賴　特	陳　　　波	已　　出　　版

世界哲學家叢書（六）

書　　　　　　名	作　　者	出　版　狀　況
赫　　　　　爾	孫　偉　平	已　　出　　版
魯　　一　　士	黃　秀　璣	已　　出　　版
詹　　姆　　士	朱　建　民	已　　出　　版
蒯　　　　　因	陳　　　波	已　　出　　版
庫　　　　　恩	吳　以　義	已　　出　　版
史　蒂　文　森	孫　偉　平	已　　出　　版
洛　　爾　　斯	石　元　康	已　　出　　版
海　　耶　　克	陳　奎　德	排　　印　　中
喬　姆　斯　基	韓　林　合	已　　出　　版
馬　克　弗　森	許　國　賢	已　　出　　版
尼　　布　　爾	卓　新　平	已　　出　　版